親鸞聖人

和讃百話

The 100 Stories of WASAN

三木照國

Miki Shokoku

東方出版

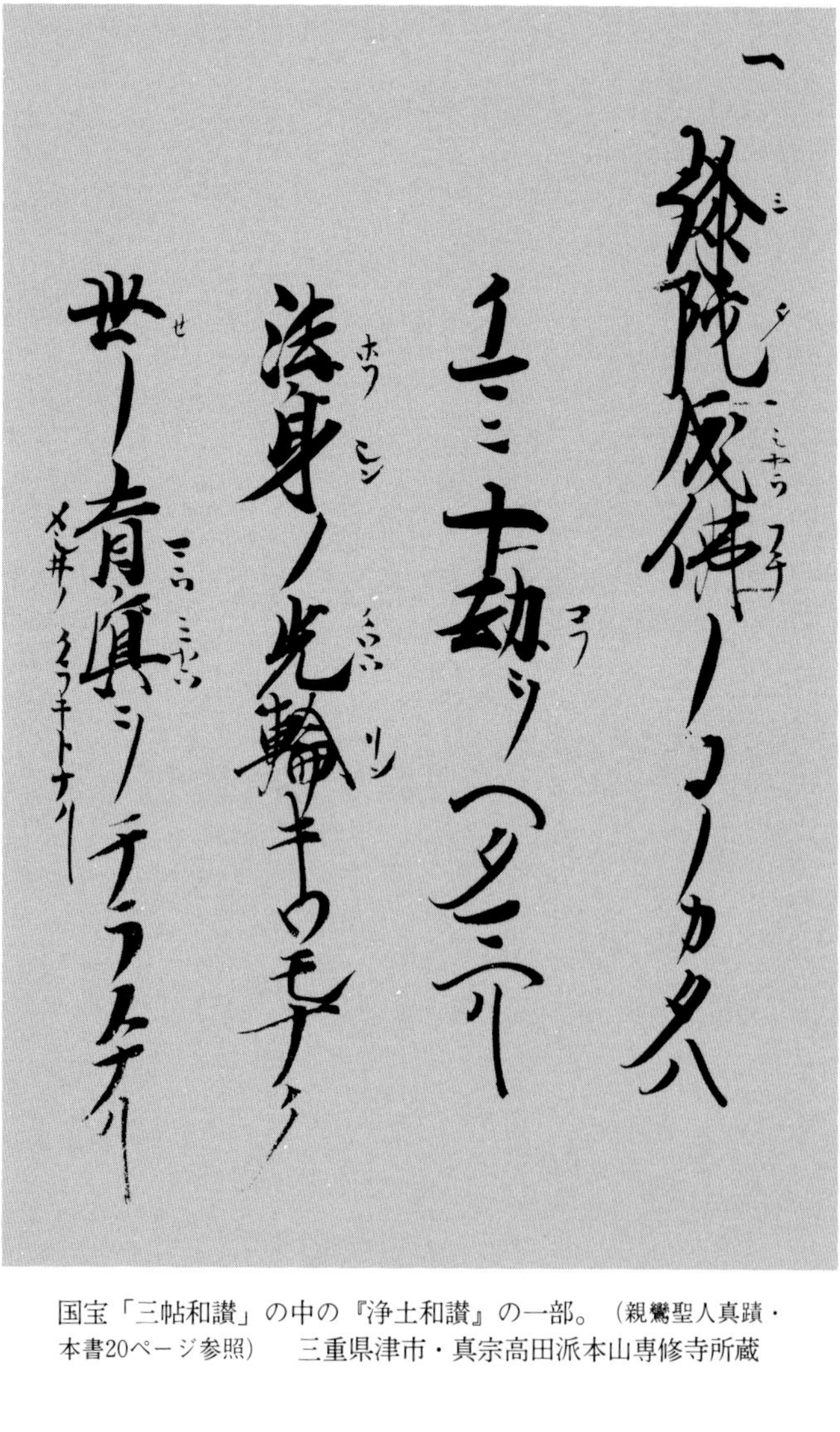

国宝「三帖和讃」の中の『浄土和讃』の一部。（親鸞聖人真蹟・本書20ページ参照）　三重県津市・真宗高田派本山専修寺所蔵

はしがき

親鸞聖人《しんらんしょうにん》がつくられた和讃は、聖徳太子を讃嘆されたものも含めると、実に五百四十首以上を数えるのであります。

したがって、そのなかより僅《わず》かに百首だけを選び出したり、あるいは、それを百話にまとめたりすることは、かえって祖師《そし》（親鸞聖人）のご苦労に背くことになりかねません。

というのも、その和讃は、すべて祖師の単なる思いつきによるものでないのですから、たえず前後の和讃との連関を見ながら窺わねばならないからであります。

そこで、このたびは、『浄土和讃《じょうどわさん》』を百話にまとめさせていただくことにしました。

祖師は、私たちに理解し易いようにと、振《ふ》り仮名《がな》、左仮名《ひだりがな》をたくさんつけて遺産としてくださいました。

最近、真宗教団連合《しんしゅうきょうだんれんごう》が進展を見せることによって、『親鸞聖人全集』『親鸞聖人真蹟集成《しんせきしゅうせい》』の発刊があり、そのおかげで祖師のその遺産のすべてを、身近に、しかもありのままに拝見することができることとなりました。

私もその恩恵にあずかって、この祖師の和讃の本文と左仮名、頭註《とうちゅう》だけで味わわせていただけました。

ただ、本文の振り仮名だけは、私の所属する教団（本願寺派《ほんがんじは》）の読誦用《どくじゅよう》を参考にしました。

そして、左仮名は、もはや仮名にもよわくなって仮名ばかりつづくと読みづらくなっているお互いのことを考慮して、当然意味のわかる字は漢字に当てはめ、少しでも理解し易いようにしました。しかし、祖師の折角のご親切を仰ぐため、祖師のつけられたままの仮名をその漢字に振《ふ》りました。

このたびは、ただ祖師の左仮名を中心に味わうばかりで、近世・近代の先哲の教えをあまり参考にしていませんので、現在ただいまの愚見《ぐけん》に終始してしまいました。

私の願いは、この百話を通して、祖師の和讃とその左仮名という遺産に直接に触れていただきたいばかりであります。

そして、田中正造師が「見よ、神ハ谷中ニあり。聖書ハ谷中人民の身ニあり。……谷中破滅との関係より一身の研究を為すべし。徒らニ反古紙を読むなかれ。死したる本、死したる書冊を見るなかれ。(聖書ニくらべて谷中を読むべき也。) 生きたる汝ぢの心、生きたる残留民の経験、歴史をくり返し〳〵熟思熟考」と叫んだ「神」を如来に、「聖書」を和讃に、「谷中人民」を現実に苦悩する人びと、に置きかえて味わいたいと思います。

ここに、この百話が誕生するきっかけを作ってくだされた津村別院の尾崎裕正部長と、いくたびも遠路お訪ねいただき出版の世話をしてくだされた東方出版の稲川博久氏に深く謝意を表します。

一九八四年七月

著　者

参考文献

『親鸞聖人真蹟集成』第三巻（法蔵館）
『真宗聖教全書』二　宗祖部（大八木興文堂）
『親鸞聖人全集』和讃篇（法蔵館）
『真宗叢書』別巻　是山和上集（臨川書店）
真継伸彦現代語訳『親鸞全集』（法蔵館）
常磐井鸞猷著『三帖和讃註解』（講談社）
拙著『三帖和讃講義』（永田文昌堂）

親鸞聖人 和讃百話 目次

親鸞聖人

和讃百話

①　『浄土和讃《じょうどわさん》』

親鸞聖人《しんらんしょうにん》は、関東より、なつかしい京都に帰られてから、まもなく和讃を書きはじめられたようであります。

そして『浄土和讃』を制作し終わるや『高僧和讃《こうそうわさん》』を著わされ、その最後に、

宝治《ほうじ》二年（一二四八）初月下旬第一日
釈《しゃく》 親鸞《しんらん》七十六歳　これを書きおわんぬ
見写《けんしゃ》する人は、必ず南無阿弥陀仏をとのうべし

という奥書《おくがき》を入れられて、その完成を告げていられるのであります。

さらに正嘉《しょうか》元年（一二五七）八十五歳で『正像末和讃《しょうぞうまつわさん》』を著わされました。

三部作ともいえるこの『三帖和讃《さんじょうわさん》』は、古来「和語《わご》の教行信証《きょうぎょうしんしょう》」といわれてきたほど、浄土真《じょうどしん》宗《しゅう》の重要な教義を片仮名《かたかな》まじりの日本のことばで、私たちのために書き遺《のこ》してくだされた、いわば祖師の「遺産」であります。

西本願寺《にしほんがんじ》の教団では、寺院でも、ご門徒《もんと》でも、本堂や仏壇《ぶつだん》のなかにご和讃箱《わさんばこ》というのがあり、その中に蓮如上人《れんにょしょうにん》が文明《ぶんめい》五年（一四七三）に開版《かいはん》されたこの三帖和讃がおさめられてありますが、それを開けたことがなく、ただの仏具《ぶつぐ》としてしまいこんでいるとすれば、今日ただいま私たちに告げていられる祖師のおことばを紙魚《しみ》の餌《えさ》にしているだけであります。

かりに箱を開けても、ただ声を出しておつとめに用いるだけでは、祖師の遺産の半分を頂いたことにならぬかも知れません。

幸いに、この文明本《ぶんめいぼん》だけでなく、三重県津市一身田《いっしんでん》に本山のある高田専修寺《たかだせんじゅじ》に伝来する国宝の真蹟本《しんせきほん》と、祖師のご臨終《りんじゅう》の枕辺《まくらべ》にいられたというお弟子の顕智房《けんちぼう》が書写《しょしゃ》した一本が現存することによって、その祖師のご親切がいっそうありがたく知らされるのであります。

祖師の和讃の何よりの特徴は、漢字の右に振り仮名がついているだけでなく、その左には左訓《さくん》（左仮名）がたくさんつけられております。さらに朱筆にもちかえられて、その漢字に、濁《にご》って読むか、清《す》んで読むかの四声《しせい》の点符《てんぷ》がつけられています。それは漢字の読み方によって意味が変わる場合があることを示され、またお弟子や私たちが口にかけ、声に出して拝読できるように配慮されたからでありましょう。

私は高校時代、「小諸《こもろ》なる古城《こじょう》のほとり　雲白く遊子《ゆうし》悲しむ……」という島崎藤村の新体詩《しんたいし》を習った時の感激が、いまだによみがえりますが、祖師の和讃は七五調の形式をとり入れてあり、まことに唱えやすい讃歌《さんか》であります。

『大無量寿経《だいむりょうじゅきょう》』をはじめ、七高僧《しちこうそう》の龍樹菩薩《りゅうじゅぼさつ》・天親菩薩《てんじんぼさつ》や曇鸞大師《どんらんだいし》・善導大師《ぜんどうだいし》の七言《ごん》の漢詩《かんし》（漢讃）を、七五調の片仮名まじりの日本（和）の讃歌に作りかえて私たちに教えられた祖師は、高田専修寺本《せんじゅじほん》（高田本）の現世利益和讃《げんぜりやくわさん》のところで「和讃」の左に「やわらげ　ほめ」という訓《くん》をつけていられるところより見て、和讃とはただ日本のことばで書いた讃歌という意味だけでなく、私たちには理解がむずかしかろうというご親切から、やわらげて讃嘆《さんだん》されたのでありました。

② 讃阿弥陀仏偈和讃《さんあみだぶつげわさん》　愚禿親鸞作《ぐとくしんらんさく》

南無阿弥陀仏《なもあみだぶつ》

文明本の『浄土和讃』には、

弥陀《みだ》の名号《みょうごう》となへつつ　信心《しんじん》まことにうるひとは　憶念《おくねん》の心《しん》つねにして　仏恩報《ぶっとんほう》ずるおもひ
あり

誓願不思議《せいがんふしぎ》をうたがひて　御名《みな》を称《しょう》する往生《おうじょう》は　宮殿《くでん》のうちに五百歳《ひゃくさい》　むなしくすぐとぞと
きたまふ

という二首の和讃が最初に掲《かか》げられており、「冠頭讃《かんとうさん》」と呼んで、祖師が、まず他力の信を勧めて、自力《じりき》の疑いにとらわれぬよう誡《いまし》められたと見てきました。

しかし、これは高田本にも顕智本《けんちぼん》にもないところから、蓮如上人の配慮で掲げられたと見るほうがよいようです。私も西本願寺に執着する心を捨てて、高田本（真蹟本）や顕智本を参考にさせていただいて、なるべく祖師に忠実にうかがってゆきたく、早速、讃阿弥陀仏偈和讃《さんあみだぶつげわさん》より教えを仰いでゆこうと思います。

親鸞聖人は、まず阿弥陀如来を讃嘆するところより出発されました。これは、浄土真宗の信仰が如来より賜わるものである限り、みずからの心の模様を眺めたり、人間の努力を積み上げたり、また特別な人間の師より与えられる信心でないことをあらわしているとも教えられます。

中国に出られた曇鸞大師《どんらんだいし》が『大無量寿経《だいむりょうじゅきょう》』によって阿弥陀仏の救いやお徳を七言の漢詩で讃嘆

されたのを、やさしく片仮名まじりの七五調の讃歌とされ、さらに多くの左訓《さくん》でくわしく説明されました。そこには、曇鸞大師を敬いつつ、その師を超える親鸞聖人の独特の解釈が光っております。

題目《だいもく》の下に「愚禿《ぐとく》親鸞作」という制作者の名（撰号《せんごう》）を入れておられますが、権力によって僧であることまで奪われ、北越《ほくえつ》の地に流された祖師は、世俗の肩書《かたがき》は何一つなく、その名の上には「愚禿」を、「釈《しゃく》」を、名のられたのであります。

ただの謙遜《けんそん》のことばではなく、乱伐《らんばつ》されたり、松くい虫で枯れ果ててしまった山のように、世俗の地位や肩書は奪い去られても、真《しん》の仏弟子《ぶつでし》（釈）として生きぬこうという念仏者《ねんぶつしゃ》の自覚と独立精神を、その名でたえず確認されていたかのようにうかがえます。

そして「南無阿弥陀仏《なもあみだぶつ》」の六字を冒頭に掲げられたのは、曇鸞大師や法然上人《ほうねんしょうにん》に倣《なら》って、これから讃嘆してゆかんとする阿弥陀如来《あみだにょらい》やその浄土のお徳は、結局六字のみ名《な》におさまってしまうことを表わそうとされたからでありましょう。

阿弥陀如来は四十八の願いのなかで「わが名を聞いて……」といくたびも願われ、苦悩の人生の真《ま》っ只中《ただなか》にたえず救済の活動をしていることを、ご自分の名でもって告げようとされるのでありますから、法然上人は「如来の万徳《まんどく》の帰《き》するところなり」と教え、あるひとは六字のみ名を、「生《い》き仏《ぼとけ》」と表現して、私たちの耳や口に出入りする声そのものに、救いの如来を把握できることを知らされたのでありました。

それを、ただ死後のとむらいのことばや、呪文《じゅもん》のように扱っているとすれば、祖師を悲泣《ひきゅう》させ、如来を殺していることになりましょう。

③ 弥陀成仏《みだじょうぶつ》のこのかたは　いまに十劫《じっこう》をへたまへり
法身《ほっしん》の光輪《こうりん》きはもなく　世《せ》の盲冥《もうみょう》をてらすなり

阿弥陀如来が仏に成られてから、今日ただいままで十劫《じっこう》というとても長い時を経過しているということは、如来が私を救済する法を成就《じょうじゅ》して、十劫このかたかかわりつづけていられるということでありました。

親が、家出していったわが子の帰りをひたすらに待っているというようなのとは異なり、たえずこの私に働きかけ、私を真実に目覚めさせようと活動されているということでありました。それが「法身《ほっしん》の光輪《こうりん》きはもなく　世《せ》の盲冥《もうみょう》をてらすなり」というお言葉でありました。

真実のさとりの御身《おんみ》から放ちたもうみ光は、転輪王《てんりんおう》のもっている輪宝《りんぽう》のように、私たちを救うお徳《とく》を完全にそなえて、たえず私たちに働きかけ、そして、私たちの苦しみの原因をうち砕いてくださることを表わされます。それで「世の盲冥」に、

世《よ》の盲《めしゐ》の暗《くら》きとなり（高田本）

世《よ》の盲《めしゐ》暗きもの（文明本）

という左仮名をつけて教えられる祖師のおこころでは、真実が何か見えず、一寸先どころか、現実に目の前の何も見えていない私たちの人生を明るく照らし出してくださるものが、如来の救済であることを告げていられます。

一寸先も見えなくて、どうして他人の未来を占えましょうか。私自身の現実が何も見えなくて、どうして他のひとの人生相談ができましょうか。

④ 智慧《ちえ》の光明《こうみよう》はかりなし　有量《うりよう》の諸相《しよそう》ことごく
光暁《こうきよう》かふらぬものはなし　真実明《しんじつみよう》に帰命《きみよう》せよ

親鸞聖人は、四十八首の讃阿弥陀仏偈和讃のなかで、ことに阿弥陀如来を讃嘆されるのは、前の和讃と、これからの十二光をあらわしたご和讃であります。

『大無量寿経』に、無量光《むりようこう》・無辺光《むへんこう》・無碍光《むげこう》・無対光《むたいこう》・炎王光《えんのうこう》・清浄光《しようじようこう》・歓喜光《かんぎこう》・智慧光《ちえこう》・不断光《ふだんこう》・難思光《なんじこう》・無称光《むしようこう》・超日月光《ちようにちがつこう》というように、釈迦如来《しやかにょらい》が阿弥陀如来のみ光の働きやお徳を讃《さん》嘆《だん》されたのを、一つ一つくわしく一首ずつの和讃にされたのでありました。

この和讃は、まず無量光でありますが、「有量《うりよう》の諸相《しよそう》」の左に片仮名で、

有量《うりやう》は世間《せけん》にあることはみな量《はか》りあるによりて有量《うりやう》といふ　仏法《ぶちぼう》はきわほとりなきによりて無量《むりやう》といふなり（高田本）

という説明をして、これと対照して、如来の智慧の光明がはかりないことを表わされました。

「世間にあることはみな量りある……」という左訓は、私たちの日常のすべてを言い当てておお

られます。人間の生命《いのち》も知恵も財産もすべて残らず有限であり、はかることのできるものであると知らされます。

しかし、仏法《ぶっぽう》も如来の智慧も、その智慧のあらわれであるみ光も、際限がなく、はかり知ることのできないものであることを教えられました。

ところが、私たちは毎日、有限にしてはかないもののためにうつつをぬかし、有量《うりょう》の知恵をもって、如来の救いを疑い、仏法を信じようとしないのであります。

その私たちに向かって、如来の智慧は、

智《ち》はあれはあれ　これはこれと分別《ふんべち》して思《おも》ひ計《はか》らふによりて思惟《しゆい》に名《な》づく　慧《ゑ》はこの思《おも》ひの定《さだ》まりて　ともかくも働《はたら》かぬによりて不動《ふどう》に名《な》づく　不動三昧《ふどうさんまい》なり（高田本）

と、左訓で説明されました。

如来は、あれこれと分別《ふんべつ》し、思いはかろうてくだされ、長いあいだ思惟《しゆい》され、如来を疑いそしり、仏法にそっぽを向いている人間をなんとか救済する法を考えぬいてくださいました。そしてついにみ名でもって救済する方法を思い定められると、もう私たちのようにあれこれと迷うようなことはなく、何のためらいも不安も疑いもなくて、私たちを救うことにお心を堅く決定《けつじょう》されたのでありました。

如来のお心が不動の意志、不動三昧《ふどうさんまい》にたえず住しておられることによって、いつのまにか如来の救済を疑えなくなり、安心して如来に人生をゆだねる心をもつことができるのであります。

そのことを「光暁《こうぎょう》かふらぬものはなし」と仰せられ、私たちの人生に、ほんとうの夜明け、暁《あかつき》が訪れたことを告げられたのでありました。

「かふらぬものはなし」とは、「蒙《こうむ》らぬものはない」ということで、

光《ひかり》に照《て》らさるるなり（顕智本）

の左訓があります。つまり、み光に照らされることによってあらゆるものの心に、必ずさとりを開く夜明けが訪れるのであります。

これから後に、和讃のなかに、如来をほめたてまつる三十七のお徳の名を出されますが、ここではまず、その私たちを目覚《めざ》めさせるみ光を「真実明《しんじつみょう》」とされます。そして左に、

真《しん》といふはいつはりへつらはぬを真《しん》といふ　実《じち》といふは必《かなら》ずもののみとなるをいふなり（高田本）

の説明をされて、真実をくわしく教えられました。

世間の倫理や他の宗教でいう「真実」とその本質を異にして、真というのは、平等の真如《しんにょ》そのもの、如来のさとりの真実そのものでありますから、いつわりやへつらいの反対であり、偽善のにおいはいささかもあり得ない真実であります。

平等の真如をさとっていられますから、当然、いまださとりを得ていない私たち迷いの人間のことが気にかかります。ここに如来の大悲《だいひ》は動いて、必ず生きとし生けるものを、ご自分と同じ仏のさとりを開かせようというかかわりとなって展開いたします。

「もののみになる」とは、相手の立場に立つ、相手の身になるというような偽善の影を宿した意味ではなく、花が咲けば必ず実《み》を結ぶように、如来は私たちに、必ず仏のさとりを開くという実を結ばさせずにはおかないという大慈悲《だいじひ》のかかわりを、祖師は明らかにされたのでありました。

そのかかわりのおかげで、財産や土地、わが家族や世俗の地位栄達《えいたつ》を目的として生きてきた私が、如来の救いに「帰命《きみょう》」する身とならせていただきました。祖師はご自分がそうなったしあわせをかみしめて、私たちに「帰命しましょう」「信順《しんじゅん》しましょう」と呼びかけ、おすすめになりました。

⑤ 解脱《げだつ》の光輪《こうりん》きはもなし　光触《こうそく》かふるものはみな
有無《うむ》をはなるとのべたまふ　平等覚《びょうどうかく》に帰命《きみょう》せよ

次に無辺光《むへんこう》のはたらきを讃嘆されました。まず「解脱《げだつ》の光輪《こうりん》」の左に、
解脱《げだち》といふはさとりを開《ひら》き仏《ほとけ》になるをいふ　われらが悪業煩悩《あくごふぼむなう》を阿弥陀《あみだ》の御《おむ》ひかりにて砕《くだ》く
といふこころなり（高田本）
と仮名をつけていられますので、解脱とは煩悩《ぼんのう》の束縛より解放され完全に自由になってほとけのさとりを開くことであるとうかがわれます。
そして光輪とは、阿弥陀如来が、必ず仏のさとりを私たちに開かせようとして、きわもなく、ほとりない光を放って、私たちの煩悩と悪なる行動（悪業《あくごう》）をうちくだくはたらきをされていることを示されました。
その如来のみ光に触れないものはだれもありません。一切の生きとし生けるものは十劫このかた、そのみ光を蒙り照らされているのであります。そしてみ光に触れたものは、すべてが、「有無《うむ》

をはなるとのべたまふ」と仰せられます。

邪見《じやけん》を離《はな》るるなり（高田本）

という左訓がありますが、「諸行無常《しよぎようむじよう》　諸法無我《しよほうむが》」という釈迦如来の教説《きようせつ》を聞きながらも、すべてのものや私の霊魂《れいこん》、わが子のたましいがいつまでも存在するというまちがった考え（邪見《じやけん》）に閉じられているのが人間であります。

そうかと思えば、「死ねばおわり」と考え、地獄も浄土もないというまちがった考えに沈んでしまうのが人間であります。

その有《う》とか無《む》とかに偏《かたよ》った邪見を否定して、一切が空《くう》であり無我《むが》であるという仏法の大道理の上に真実の世界としての浄土を建設されたのが阿弥陀如来であると、釈迦如来は説いていられます。

み教《おしえ》を聞くまでは、だれしも有か無に偏った見解をもち、それに固執《こしゆう》するのが人間であります。しかし、如来の平等にしてきわもないみ光に照らされていたことを知らされ、その救いを真剣に聞いてゆくうちに次第に邪見を離れさせていただくこととなるといわれるのであります。

そして偏執《へんしゆう》に生き、他者を差別せずには生きられない私が、もしこの世から、その偏執をいく

ぶんでも警戒し、その差別を猛省する心が芽生《めば》えはじめたとすれば、

阿弥陀《あみだ》は法身《ほふしん》にてましますあひだ、平等覚《びやうどうかく》といふなり（高田本）

と左訓をつけられたように、法身平等《ほっしんびょうどう》の如来のかかわりのおかげで、法身平等の仏のさとりへと方向が切りかわったひとというべきでありましょう。

⑥ 光雲無碍如虚空《こううんむげにょこくう》　一切の有碍《うげ》にさはりなし
光沢《こうたく》かふらぬものぞなき　難思議《なんじぎ》を帰命《きみょう》せよ

無碍光《むげこう》は、祖師親鸞がことに大切にいただかれた如来のお徳であります。北インドのガンダーラに出られた天親菩薩《てんじんぼさつ》が『浄土論《じょうどろん》』に「帰命尽十方無碍光如来《きみょうじんじっぽうむげこうにょらい》」と、みずからが阿弥陀仏に一心に信順《しんじゅん》することを告白されたことをお承《う》けになって、祖師が関東二十年の伝道生活に、たえずご本尊《ほんぞん》として持ち歩かれ、お弟子にも書いて与えられたようであります。

また『三帖和讃』のなかでは、阿弥陀如来を「無碍光《むげこう》」とか「無碍光如来《むげこうにょらい》」という名で呼ばれ

たところがたくさんあります。それは『阿弥陀経《あみだきょう》』でも説かれていますが、「阿弥陀」という名の内容が無碍光だからでありましょう。

曇鸞大師《どんらんだいし》の七言《しちごん》のことばをそのまま出して「光雲無碍如虚空《こううんむげにょこくう》」と出しながらも、その左に、

光《ひか》り雲《くも》のごとくして碍《さは》りなきこと虚空《こく》のごとし（文明本）

と説明されて、私たちにわかりやすく示されました。

大空を流れる雲を、何物もさえぎることができないように、如来のみ光のはたらきを妨げ邪魔することは何物もできないというのです。

他人のことならず、私自身のかたくなな心、生活中心の心、わが家族がかわいいの心が、何よりも如来の救済の前に立ちはだかる「さわりあること」でありましょうが、如来の無碍《むげ》のみ光は、それらをすべて見事にうち砕いてしまわれるのであります。それを「光沢《こうたく》かふらぬものぞなき」と仰せられます。

うるおう（顕智本）

光《ひかり》にあたるゆへに智慧《ちゑ》の出《い》でくるなり（高田本）

と説明されて、煩悩で渇ききっている心に、信心の智慧が恵まれて、信心のうるおいが与えられ

ることを祖師は喜ばれたのでありました。

その如来の救済は、仏以外の者には考えられないことですから難思議《なんじぎ》という名をもって阿弥陀仏を表わし、

心《こころ》の及《およ》ばぬによりて難思議《なんじぎ》といふ（高田本）

という左訓をほどこして、私たちに、ただひたすらに信順することを勧められた祖師でありました。

⑦ **清浄光明《しょうじょうこうみょう》ならびなし　遇斯光《ぐしこう》のゆへなれば**
一切の業繫《ごつけ》ものぞこりぬ　畢竟依《ひつきょうえ》を帰命せよ

この無対光《むたいこう》からは、無碍光のはたらきをくわしく明かされたとうかがわれます。「ならびなし」とは、他の仏がたや菩薩《ぼさつ》がたに比べられない意味とも取れるし、また私たちの煩悩《ぼんのう》も悪業《あくごう》も如来のみ光には敵対できず、見事にうち破られてしまうことをあらわされたともとれます。

「清浄光明《しようじようこうみよう》」の左に、

すみ　きよし　貪欲《とむよく》の罪《つみ》を消《け》さむ料《れう》に清浄光明《しやうじやうこうみやう》といふなり（高田本）

と仰せられるように、私たちの煩悩のなかでもいちばんつよい愛欲、むさぼりを消してしまわれるから清浄光明といわれるとされます。愛欲やむさぼりの洪水は、私自身だけでなく、わが家族や周辺の人びとまで押し流してしまいますが、それをば見事に消してしまわれますから、仏がたの光も、これには比べられないのであります。

「遇斯光《ぐしこう》のゆへなれば」の左に、

この光《ひかり》にあふものは（高田本）

弥陀仏《みだぶつ》にまうあひぬるゆへに（文明本）

という左仮名があるのをうかがいますと、この阿弥陀仏の清浄なる無対光に遇いますと「一切の業繋《ごつけ》ものぞこりぬ」であります。

「業繋」には、

業《ごふ》につながる（高田本）

罪《つみ》の縄《なは》にしばらるるなり（文明本）

悪業《あくごふ》の綱《つな》といふなり（顕智本）

という左仮名がありますから、みずからがなしてきた悪の行動（悪業）によって、この苦しみの世界につなぎとめられ、罪のなわにしばられている現実であると教えられます。

自由のように見えて、実は少しも自由でないのが私たちの人生であります。ところが、自分でしばり、つなぎとめている悪業のつな（迷いの因《いん》）を、如来のみ光に遇うことによって、プッツリとたち切られてしまい、完全に自由な身にならせていただけることを教えられました。

「遇《ぐう》」という字は、「禺」は頭が大きくて人に似た猿を描いた象形文字《しょうけいもんじ》で、よく似た相手や二つのものがペアをなすとの意味であります。「辶」は足の動作を表わしますから、遇とは、AとBが歩いてゆき、両者が、ひょっこり、思いがけずに出会ってペアをなすことだそうであります。

阿弥陀如来と私の出会いを表わされるには、もっともありがたい字であります。私は、ひょっこり、思いがけずに出会ったように思いますが、如来は十劫このかた私とペアをなしてよりそってくださり、み光を放って救済のかかわりをつづけていられたのでありました。

遇《ぐう》はまうあふといふ、まうあふとまふすは、本願力《ほんがんりき》を信《しん》ずるなり。（『一念多念文意《いちねんたねんもんい》』）

と、祖師が仰せられているように、如来のこのかかわり、救済に、すなおに信順できたときが遇《お》うたときであることを知らされます。

まさに如来は畢竟依《ひっきょうえ》であります。高田本では畢《ひつ》に「おわり　ついに」、竟《きょう》に「おわる　きわむ」と説明し、

法身《ほふしん》のさとり残《のこ》るところなくきわまりたまひたりといふこころなりと示されますように、真実のさとりをのこるところなくきわめていられる阿弥陀如来であればこそ、私たちの究極《きゅうきょく》の依りどころなのであります。

人間の親は、無償の愛を注ぐといわれながら状況によっては、ときにわが子を裏切り、捨て去り、殺すこともあります。しかし如来は、私たちを裏切ることなく、安心して依りかかれるみ親であります。

したがって、「帰命」の左に、

よる　めしに　したがふ（高田本）

の仮名《かな》を施して、如来のお召《め》しによること、したがうことを、切《せっ》にすすめられるのであります。

如来の「われによりかかれ　必ずすくう」と召したもうみ声は、十劫このかた私のそばに依りそって、たえず呼びかけていられたにかかわらず、私自身、親をうしない、世間の友に裏切られ

るまで、それに気づかなかったのでありました。

⑧ 仏光照曜最第一《ぶっこうしょうようさいだいいち》　光炎王仏《こうえんのうぶつ》となづけたり
三塗《さんず》の黒闇《こくあん》ひらくなり　大応供《だいおうぐ》を帰命せよ

顕智本《けんちぼん》では、照曜《しょうよう》に「てらしかがやくこと」という左訓をつけていられます。如来のみ光は炎のように盛んに輝き、日月の光よりもすぐれ、仏がたのみ光のなかでも最もすぐれているので「王」といい「最第一」と讃嘆されます。

当時の王や天皇は権力があり、人民の上に君臨していましたので、経典《きょうてん》、七高僧や祖師のことばのなかには、如来のお徳のすぐれていることを譬《たと》えるのによく用いられました。

祖師は、この天皇によって流罪《るざい》にされ、権力によって、いくたびも念仏弾圧《ねんぶつだんあつ》を蒙りました。ここに大応供《だいおうぐ》という阿弥陀如来のお徳の名を出して、

一切衆生《いっさいしゅじゃう》の供養《くやう》を受《う》けましますに応《こた》へたまふによりて大応供《だいおうぐ》といふ（高田本）

という説明を加えていられます。

それは、人民の王や天皇、さらには天上界《てんじょうかい》の王をはるかに超えて、その上に君臨される者こそが阿弥陀如来であって、その如来のみがもろびとの供養《くよう》を受ける資格があることを告げられたのであります。

この大応供の左仮名と、さらに『教行信証《きょうぎょうしんしょう》』に仏教者は国王に向かって礼拝《らいはい》せずという釈迦如来のおことばを引いてこられたのとは、たくさんの高僧がたのなかで、ただ一人、権力者に近づかず、権力者の庇護《ひご》を受けず、天皇や公家《くげ》、武家《ぶけ》をことさら敬《うやま》わなかった祖師親鸞の何よりの根拠を示されるものでありました。

この如来のみ光によって、三塗《さんず》（地獄《じごく》・餓鬼《がき》・畜生《ちくしょう》）の黒闇《こくあん》がうち破られるということは、その地獄（戦争）、餓鬼（飢餓《きが》）、畜生（搾取《さくしゅ》）の現実の闇《やみ》をうち破って、反戦をはじめとする人間の本当の幸福への行動を奮いたたせるとともに、迷いの因がすっかり消されて、もはや迷いの結果としての地獄・餓鬼・畜生の世界におもむくことなく、未来に必ず仏のさとりを開くにまちがいないことを歌いあげられたのでありました。

祖師は「必ず滅度《めつど》に至る」といくたびも叫ばれました。それは現実からみ光の中にあり、しかも光明の世界へ一歩一歩と確かに近づきつつある喜びを告げられたのでありました。

⑨ 道光明朗《どうこうみようろう》 超絶《ちようぜつ》せり　清浄光仏《しようじようこうぶつ》とまふすなり
ひとたび光照《こうしよう》かふるもの　業垢《ごうく》をのぞき解脱《けだつ》をう

清浄光《しようじようこう》は、「業垢《ごうく》をのぞき解脱《げだち》をう」に、

悪業煩悩《あくごふぼむなう》おものぞき解脱《げだち》おも得《う》　解脱《げだち》といふは仏果《ぶちくわ》に至《いた》り仏《ほとけ》になるをいふ（高田本）

という説明が左にあるように、ご自分の光が清浄にして明らかな道光《どうこう》（さとりの光）であるから、ひとたびその光に触れ、光に照らされるならば、その人間の悪業煩悩をのぞいてしまい、仏果《ぶつか》に至らせ、さとりを開かせるはたらきをすることを示されるのであります。

この和讃では、曇鸞大師《どんらんだいし》のことばをやさしくして、さとりを開かせる因となる信心のはたらきを教えられたものと窺えるのであります。

身体《からだ》の垢《あか》は、よく洗えばなくなるかも知れませんが、「悪業煩悩なり」と説明されるこの悪業の垢は、私たちの力でどれほど努力してみても、除くことはできないのであります。悪業はすぐ私たちの心を染めてしまいますが、仏法や善業《ぜんごう》はなかなか染まってくれないようであります。

祖師の教えは、善に染めてゆく方向ではなく、「光照かふるもの」に、

光《ひかり》に照《て》らさるるといふなり（顕智本）

とありますように、如来のみ光に照らされ、如来のみ名を聞くことによって、悪業を滅ぼされ除かれて、さとりの善を与えていただき、悪業を転じてそのままさとりの善と変えていただくばかりであります。それが私にいただいた信心のはたらき、信心の徳の内容であるとうかがえるのであります。

⑩ 慈光《じこう》はるかにかふらしめ　ひかりのいたるところには
法喜《ほうき》をうとぞのべたまふ　大安慰《だいあんに》を帰命《きみよう》せよ

道光が、さとりの智慧の光とすれば、「慈光」とは、左に、

あわれむひかり　慈《じ》は父《ちち》の慈悲《じひ》にたとふるなり（高田本）

と仰せられるように、大慈悲のみ光であります。父の慈悲という説明によって、母の愛と異なる厳しさを感ずるのでありますが、とにかく如来の慈悲の光が、はるか私のところに届いて、その光に照らされることによって、法の喜びをいただくことを教えられるのであります。

「法喜《ほうき》」には、

歓喜光仏《くわんぎくわうぶち》を法喜《ほふき》といふ、これは貪欲《とむよく》・瞋恚《しんい》・愚痴《ぐち》の闇《やみ》を消《け》さむ料《れう》なり（高田本）

みのりを喜《よろこ》ぶなり（文明本）

という説明がありますので、世間の喜びに対して、みのりを喜ぶ信楽《しんぎよう》、信心歓喜《しんじんかんぎ》をいただくことであると知らされます。死後、浄土においてのみ喜びをいただくのではなく、人生の苦悩の中に如来より賜わる信の喜びのすがたを讃嘆されたものであります。

人生の苦悩の原因は、とりもなおさず、みずからの貪欲《とんよく》と瞋恚《しんに》と愚痴《ぐち》という三つの毒によるのでありますが、如来のみ光はこの三毒煩悩《さんどくぼんのう》の闇をうち破ろうというはたらきであります。

みずからの煩悩の火に焼かれて苦しみ悩み悲しむ人生にあって、如来のみ光に出会った者のみが、その悲しみの中より崩れることのないほのぼのとした喜びをいただくことができるのであります。

それは、そのみ光を放ちたもう如来が、

一切衆生《いっさいしゅじゃう》のよろづの歎《なげ》き　憂《うれ》え　悪《わる》きことを皆《みな》うしなふて安《やす》く安《やす》からしむ（高田本）

と説明される「大安慰《だいあんに》」の如来であるからであります。

共に歎き、共に心配するひとがだれもなくても、「安心せよ、必ずすくう」と力強い声をかけては、私を励まし、慰め、私の悪をすべて消してしまって、現実も未来も安らかにされるはたらきをたえずなしたもう如来であります。

人間の慰めや励ましは、口先《くちさき》だけの場合もあり、背信行為もあり得ますが、如来のこのかかわりは私たちの人生をしっかりと支え、大きな喜びに包んでくださるのであります。祖師はかかる如来とともに、苦難の人生を生き抜かれたがゆえに、わが子の裏切りにもいかなる孤独にも、耐えることができたのでありましょう。

⑪ 無明《むみよう》の闇《あん》を破《は》するゆへ　智慧光仏《ちえこうぶつ》となづけたり　一切諸仏三乗衆《いつさいしよぶつさんじようしゆ》　ともに嘆誉《たんによ》したまへり

「智慧光仏《ちえこうぶつ》」の左に、
一切《いつさい》の諸仏《しよぶち》の智慧《ちゑ》を集《あつ》めたまへるゆへに智慧光《ちゑくわう》とまうす　一切諸仏《いつさいしよぶち》の仏になりたまふことは
この阿弥陀《あみだ》の智慧《ちゑ》にてなりたまふなり（高田本）

という説明をつけられた祖師は、この私を救うためには、他の一切の仏がたではとても力及ばぬことを告げられたと思えるのであります。

私たちの無明《むみよう》の闇を破ることができるのは阿弥陀仏のみ光だけであるがゆえに、一切の仏がたや菩薩がたは、一人のこらず讃嘆しほめ上げたもうのでありましょう。

一切の仏がたの智慧を集めたまえるのが阿弥陀仏の智慧であり、この阿弥陀仏の智慧によって一切の仏がたが仏に成りたもうたことを示されるところには、私たちの散乱しやすい心を弥陀一仏に向かわしめ帰命させるようにとのご親切があるとともに、阿弥陀如来に依って仏がたは仏に成られたことをあらわそうとされたのでありましょう。

無明の闇を如来の智慧のみ光でうち破られても、この肉体のある限り、なかなか煩悩が減《へ》らず滅《めっ》せないところから、この智慧光が信心を私たちに与えてくださるととるならば、信順を妨げる凡夫の疑い、はからいをうち破ってくださるととることもできます。

如来の救済に対する疑いの闇をうち破られれば、私たちにどれほど無明煩悩《むみょうぼんのう》が激しく起こってきても、この肉体がなくなるときに、必ず光の世界（浄土）に生まれてゆくことができると教えられました。

いっすん先（一寸先）が闇であった人生が、いっすん先が光に転じられるとは、まことに喜ばしいことであるのに、あまり嬉しく思えないとは、いかに煩悩が激しいことでありましょうか。

けれども、祖師が、

声聞《しゃうもん》・縁覚《えんがく》・菩薩《ぼさち》　これを三乗《さんじょう》といふなり（高田本）

と説明されている三乗衆《さんじょうしゅ》や一切の仏がたは、ともに喜び、すばらしいことであるとほめたたえてくださるそうであります。

⑫ 光明てらしてたへざれば　不断光仏《ふだんこうぶつ》となづけたり
聞光力《もんこうりき》のゆへなれば　心不断《しんぷだん》にて往生す

私たちは如来のことをまったく忘れて、わが子や孫のこと、自分自身のことだけで、生活をしているのでありますが、如来のみ光はつねに照らして絶え間がないので不断光《ふだんこう》であると、釈迦如来は教えられました。

「聞光力《もんこうりき》」に、

聞《もん》といふは聞《き》くといふ　聞《き》くといふはこの法《ほう》を聞《き》きて信《しん》じてつねに断《た》えぬこころなり（高田本）

弥陀《みだ》の御誓《おんちかひ》を信《しん》じまひらするなり（文明本）

と祖師は説明されて、この如来のみ光が断えず私を照らしつづけてくださっているという、その如来のみ光のはたらきを聞くことが、そのまま如来の本願、如来の救いの法を信じまいらすることであると教えられました。

もし、この人生に賜わった如来よりの信心が、私自身の怒りの炎によって焼かれたり、愛欲の洪水で押し流されたりして、消え失せてしまうならば、光の浄土へ誕生してゆくことはできないのであります。しかし、如来のみ光がつねに断えることなく私を照らしつづけてくださることによって「心不断《しんぷだん》にて往生す」と仰せられるのであります。

高田本では「不断」にわざわざ返り点をうって、「断《た》えず」と示され、その左には、

菩提心《ぼだいしむ》の断《た》えぬによりて不断《ふだん》といふ

と説明されます。また文明本では、

弥陀《みだ》の誓願《せいぐわん》を信《しん》ぜる心断《こころた》へずして往生《わうじやう》すとなり

と説明されました。

これによって、私たちが生活の多忙にかまけて如来を忘れ、たえず浄土へ往《ゆ》き生まれようと願いつづけていなくても、仏になってもろびとを救済しようという菩提心《ぼだいしん》を内容としている信心が、仏になるまで断えることなく続いてゆくことが知らされるのであります。

私の心に信心を恵もうとされるだけでなく、浄土に見事に誕生するまで、この信心を相続せしめるはたらきまでされる如来の大慈悲に感動するばかりであります。

人生のいろいろの問題に遭遇して、泣き笑い、苦しみもがく私たちの毎日ではありますが、いかなるときでも、その時の私たちの心を取り出してみるならば、如来にただ信順しているという心だけは消え失せていないことを、この和讃で教えようとされるのであります。

この和讃のおことばにより、その大慈悲につい甘え過ぎてしまい、たえず如来を忘れ、如来の思《おぼ》し召《め》しとおそらく反対の方向にあるだろうという私の心を深く省みては、ただただ申し訳ないことと、頭を深く垂れるよりほかない私であります。

⑬ 仏光測量《ぶっこうしきりょう》なきゆへに　難思光仏《なんじこうぶつ》となづけたり
諸仏は往生嘆《おうじょうたん》じつゝ　弥陀《みだ》の功徳《くどく》を称せしむ

「測量《しきりょう》」の左に、
はかり　はかるにきわなし　測《しき》ははかるひのきわなきをいふ　量《りやう》は数《かず》を知《し》るをいふなり
（高田本）

と説明されていますが、如来のみ光は仏以外のものがはかり知ることができない不思議なはたらきをするところから、難思光《なんじこう》と申しあげると教えられました。

「難思光仏《なんじこうぶつ》」の左に、やはり、

すべて心《こころ》の及《およ》ばぬにて難思光仏《なんじくわうぶつ》といふなり（高田本）

と説明されていますが、無碍光のところで如来を「難思議《なんじぎ》」と讃嘆されたのと同じく、私たちの思惟《しい》をはるかに超えていられるのであります。

それは、毎日が地獄への行動でしかあり得ない私たちを、見事に如来の浄土に誕生させる弥陀のお徳、はたらきを讃嘆される言葉であると仰せられる祖師であります。

因果の道理から見ても考えられないことがおこることを「不思議」という言葉で表現される場合がありますが、その不思議なはたらきをする阿弥陀仏をあてにしたよりにするか、それとも世間の不思議に驚くかによって、仏がたに賞讃されるか、それとも仏がたを悲歎させるかに、大きくわかれてしまうのであります。

⑭ 神光《じんこう》の離相《りそう》をとかざれば　無称光仏《むしょうこうぶつ》となづけたり
因光成仏《いんこうじょうぶつ》のひかりをば　諸仏の嘆ずるところなり

「神光《じんこう》の離相《りそう》」というのに、左訓をつけてくわしく説明され、

光《ひかり》はかたちのなきなり　神光《じんくわう》といふは阿弥陀《あみだ》　すべて弥陀《みだ》のかたち説《と》きあらはしがたしとなり（高田本）

無碍光仏《むげくわうぶち》の御《おん》かたちを言ひひらくことなしとなり（文明本）

と仰せられます。また「無称光仏《むしょうこうぶつ》」には、

すべて言葉《ことば》およばぬによりて無称光仏《むしょうくわうぶち》とまふすなり（高田本）

と仰せられています。

つまり、無称光とは、如来のみ光は私たちの心が及ばぬだけでなく、言葉でもって、そのみ光のかたちを説き表わすことができないことを、釈迦如来みずからが仰せられるのであります。

それはまず、阿弥陀如来が四十八願のなかの第十二願で、このたび仏になったなら光はかり

ない仏となろうと願われ、そして長いあいだ仏になるための行動をなされた結果、その願いどおりの仏になられたことを、「因光成《いんこうじょう》仏《ぶつ》のひかりをば……」と讃嘆されたのであります。その左に、

光《ひかり》を因《たね》として仏《ほとけ》になりたまひたり（高田本）

光《ひかり》きはなからんと誓《ちか》ひたまひて無《む》碍《げ》光《くわう》仏《ぶち》となりておはしますとしるべし（文明本）

という説明をされたのは、このことをあらわそうとされたからであります。

ところが、何のために光明が無量であることを願われたのかといえば、私たちにご自分と同じ仏のさとりを開かさんがためでありますから、「因光成仏」というのを、弥陀のみ光に因《よ》って私たちが仏に成ることができるとうけとってもよいわけでありましょう。

釈迦如来が、無量光《むりょうこう》・無《む》辺光《へんこう》・無《む》碍《げ》光《こう》……という名をもって阿弥陀仏の光明を讃嘆されているのは、すべてこの悪人である私を見事な仏に成したもうその救済のはたらきについてであります。それと同時に、仏がたが口をそろえて讃嘆されるということは、その私を仏にするということが、とても心ではかれず、口でも言い表わすことができないほど不可思議であると仰せられるのであります。

源信和尚《げんしんかしょう》が『往生要集《おうじょうようしゅう》』で、地獄でいちばん苦しみの重い阿鼻地獄《あびじごく》（無間地獄《むけんじごく》）へ堕《お》ちる者は、実は僧侶であると知らされるのでありますが、人びとに法を説いて人びとを教え導き浄土へ渡す役目を課せられている僧侶自身が、実はいちばん悪業が強いことを誡められていることを知るとき、僧である私一人に向かっての弥陀の救済と仰がずにはいられないのであります。

⑮ 光明《こうみょう》　月日《つきひ》に勝過《しょうが》して　超日月光《ちょうにちがつこう》となづけたり　釈迦嘆《しゃかたん》じてなをつきず　無等等《むとうどう》を帰命《きみょう》せよ

阿弥陀如来のお徳を十二のみ光でもって讃嘆された祖師は、この超日月光《ちょうにちがつこう》をもって、如来そのものの讃嘆を一応結ばれるのであります。

私たちにたえず光と熱を放っては、静かに照らしつづける太陽のおかげなくしては、一日も生きられないのが生物であり、私であります。

電灯のなかったころは、月の光が夜道《よみち》を照らして私たちの足もとを明るく導いてくれました。

月を眺めて古《いにしえ》の人びとは多くの文化を産み出し、この私の心のもだえも静められました。日月はこのように、私たちの生命を養い、少しく心のもだえを癒《いや》してくれますが、私たちの心の悩みを解決して見事な仏にする力はもっておりません。

釈迦如来は、世間で最も明るい日月をもってきてそれを喩《たと》えとし、さらにそれに超えすぐれているのが阿弥陀仏のみ光であるとあらわされました。

「釈迦《しゃか》嘆《たん》じてなをつきず」とおっしゃるように、昼夜一劫《ちゅうやいっこう》というとても長い間、休みなく説きつづけても、弥陀のみ光のはたらきを讃嘆して説き尽くすことができないとお説きになった『大《だい》無量寿経《むりょうじゅきょう》』のお言葉のままに和讃に示された祖師でありました。

ひとしくひとしき人《ひと》なし（高田本）

という左訓をつけられた「無《む》等等《とうどう》」という阿弥陀仏のお徳の名は、そのまま人間や神を超え、あらゆる仏や菩薩に超えすぐれた如来に対するほめことばであります。

それにもかかわらず、「神も仏も……」と、如来と神とをいっしょに見たり、如来よりも父母や子や孫や、天皇や財産を重要視するならば、どうして祖師のお弟子といわれましょうか。真の仏弟子といいわれましょうか。

⑯ 弥陀《みだ》初会《しょえ》の聖衆《しょうじゅ》は　算数《さんじゅ》のおよぶことぞなき
浄土をねがはんひとはみな　広大会《こうだいえ》を帰命《きみょう》せよ

「初会《しょえ》の聖衆《しょうじゅ》」に、

阿弥陀仏《あみだぶち》の仏《ほとけ》になりたまひしときの御弟子《みでし》の多《おほ》くおはしますことなり（高田本）

弥陀《みだ》の仏《ぶち》になりたまひしとき集《あつま》りたまひし聖衆《しやうじゅ》のおほきことなり（文明本）

の説明をされた祖師は、阿弥陀仏が法蔵菩薩《ほうぞうぼさつ》となって四十八の本願《ほんがん》をたて、そして自利《じり》と利他《りた》の行動を、きわめて長いあいだ励むことによって、見事にその願いを成しとげて仏果《ぶっか》にのぼり阿弥陀如来となられたとき、その最初の説法の会座《えざ》に集まってこられた聖衆（浄土に往き生まれた人びと）が、きわめてたくさんであったことをここに讃嘆されるのであります。

この和讃からは、浄土へ誕生していった聖衆の徳やはたらきを讃嘆されるのでありますが、まずこの祖師の左訓によって、聖衆はすべて阿弥陀仏の御弟子になっていることが知らされます。

その往生人の数の多いことは、算数のおよぶことができないほどたくさんであり、そういうか

たがたの集まりたもう阿弥陀仏の説法の会座を広大会《こうだいえ》というほめことばで表現されました。その「広大会」に、

十方の衆生《しゆじやう》みな極楽《ごくらく》にて仏になることを法身《ほうしん》といふなり（高田本）

という説明をされていることによって、十方の生きとし生けるものがすべて阿弥陀仏の極楽浄土《ごくらくじょうど》に生まれて仏のさとりを開くことを広大会と表わされました。私一人だけでなく、もろびとがすべて救われて、弥陀と同じ真如《しんによ》をさとり無上仏《むじょうぶつ》となるところに、如来が本願をたてられた目的があったわけであります。

無関心の者も、如来の救済の法を疑いそしる者も、いずれ弥陀の浄土に生まれしめられていくのであります。祖師の『教行信証』の最後に、

無辺《むへん》の生死海《しょうじかい》を尽《つ》さんがためのゆえなり。

という道綽禅師《どうしやくぜんじ》の言葉を引いて結びとされたのは、今その広大な弥陀の本願力に救われたことによって、私たちも、一切の生きとし生けるものをすべて残さず浄土へ生まれしめねば、私の仏になっていく目的がおわらぬことを教えられているのでありましょう。

現実には、無我になり得ず、他者をののしり殺している私が、そのような活動に入らせていた

だけるとは、何と広大な救いでありましょうか。

⑰ 安楽無量の大菩薩《だいぼさつ》　一生補処《いっしょうふしょ》にいたるなり
普賢《ふげん》の徳に帰《き》してこそ　穢国《えこく》にかならず化《け》するなれ

親鸞聖人は、私たちが生まれてゆく阿弥陀仏のみ国を、浄土、安楽国《あんらくこく》、安養界《あんにょうがい》、極楽と呼ばれました。

煩悩のけがれはいささかもない清浄《しょうじょう》の国土であり、身も心も安らぎ、変わることなき楽しみを得るところから名づけられるのでありますが、この和讃などでは、さかんに「極楽」という名を用いて浄土を表現されています。

そこに生まれた往生人はすべて仏のさとりを開くのですが、すがたは大菩薩の形をとり、一生《いっしょう》補処《ふしょ》という菩薩としての最高位（五十一位）に、仏より一段おりて活動をするといわれるのです。

「一生補処」には、

極楽《ごくらく》にまいりなば弥陀《みだ》の一の御弟子《おむでし》となるこゝろなり（高田本）

つぎに、「普賢《ふげん》の徳に帰《き》してこそ」には、

我《われ》ら衆生《しゆじやう》極楽《ごくらく》にまいりなば大慈《だいじ》大悲《だいひ》をおこして十方に至《いた》りて衆生《しゆじやう》を利益《りやく》するなり　仏《ほとけ》の至極《しごく》の慈悲《じひ》を普賢《ふげん》とまふすなり（高田本）

という左仮名をほどこしておられます。

自己中心しかない凡夫の身が、極楽浄土に生まれるならば、仏としての大慈大悲をおこして、十方の世界にいたり、そこに苦しんでいる生きとし生けるものを救済するというのです。普賢《ふげん》とは、仏の最高の慈悲のことであると説明されるのであります。十方の世界に至って行動するのですから、当然、この人生に帰ってきます。

穢国《えこく》に「けがる」、化《け》するに「めぐむ　あはれむと　教《をし》ふ」と説明された祖師ですから、弥陀の浄土を離れて煩悩にけがれた十方の国々にとびまわり、もろびとをあわれんで恵みを施しては、弥陀のすくいを教える活動を「かならず」なすというのが、私たちの浄土へ生まれてゆく目的であり、活動であると教えられるのであります。

いまの私は、自分のことや家族のことで明け暮れるのが何より楽しくしあわせでありますが、浄土に生まれて仏のさとりを開くならば、もろびとにかかわることが何よりの喜び、最高の楽しみ（極楽）となることを教えられました。

⑱ 十方衆生《しゆじよう》のためにとて　如来の法蔵《ほうぞう》あつめてぞ
本願弘誓《ほんがんぐぜい》に帰《き》せしむる　大心海《だいしんかい》を帰命《きみよう》せよ

私たちが浄土に生まれて十方世界に救済の活動をするとき、もろびとにどういうかかわりをするかを窺うことができるのが、この和讃であります。

「法蔵《ほうぞう》」に、

よろづの仏の功徳《くどく》なり（顕智本）

と説明された祖師は、阿弥陀如来のありとあらゆる徳を蔵《くら》に入れるように、南無阿弥陀仏《なもあみだぶつ》の六字のみ名《な》におさめて、もろびとを第十八願のすくいに帰入させ信順させて、弥陀の浄土へたしかに生まれしめるはたらきをするのが、聖衆（往生人）の活動の主な目的であると教えられるのであります。

如来を讃嘆する「大心海《だいしんかい》」という名に、

仏の御心《おむこころ》ひろく深《ふか》く　きわほとりなきゆへに阿弥陀《あみだ》をば大心海《だいしむかい》といふなり（高田本）

と説明された祖師は、きわほとりない生死海に四苦八苦して苦しんでいる一切の生きとし生けるものを、すべて本願のすくいによって、ご自分の極楽浄土に生まれしめようと活動されている如来であることを、私たちに告げられたのでありました。

⑲　**観音勢至《かんのんせいし》もろともに　慈光世界《じこうせかい》を照曜《しょうよう》し**
有縁《うえん》を度《ど》してしばらくも　休息《くそく》あることなかりけり

私が浄土に生まれるまでの弥陀の一のお弟子は、如来の慈悲をあらわす観音菩薩《かんのんぼさつ》と、智慧をあらわす大勢至菩薩《だいせいし》であります。

親で譬《たと》えれば、大悲の母は観音菩薩であり、大慈の父は勢至菩薩であります。私たちが如来よりの信をいただけば、この二人の菩薩がこの世から親友となってくださり、浄土では私たちの救いの行動を教え導いてくださるというのであります。

観音菩薩は「世《せ》音《おん》を観《み》る」といわれるほど、現実の人びとの苦悩の声を聞いては、いろいろの手だてをもって、その苦悩より人びとを救い上げようとされます。観音菩薩は頭上に本師《ほんし》阿弥陀如来をいただきたもうて、仮りに千本の救済の手があっても、必ず真ん中の両手は頭上の弥陀を合掌して、もろびとが阿弥陀如来の第十八願のすくいに帰入することを願われているとうかがわれます。

ところが、浄土に生まれた人びとは、この観音菩薩と同じようなはたらきをさせていただき、もろびとに縁を結んで、縁ができれば、その人びとを「縁あるをわたす」と祖師が説明されるように、此の苦悩の岸《きし》より、彼の光の浄土に渡す活動をさせていただけるのであります。

しかも、それがしばらくも休息《きゅうそく》あることがないと仰せられるのであります。その左に、

やすむこととなしとなり（文明本）

やみやむことなし（顕智本）

と説明されるように、途中で投げ出すこともなければ、休むこともないといわれるのであります。

祖師が『教行信証』に信心の徳をあらわされるのに、『華厳経《けごんぎょう》』によって、

もしよく一切衆《いっさいしゅ》を兼利《けんり》すれば、すなわち生死《しょうじ》に処《しょ》して疲厭《ひえん》なけんとなり。

という言葉を出していられますが、ほんとうにもろびとの苦悩を思えば、その苦悩を救う活動に入れば、夜安らかに寝ることもできなければ、休むこともなく、まして「疲れた」とか「厭《いや》になった」という思いを抱くいとまがないことを教えられます。

つねに休み、いつも人生を惰性で生きているということは、ただ自分のことのみを考えているからだと、恥ずかしく思わずにはいられないのが、この和讃であります。

⑳　安楽浄土にいたるひと　五濁悪世《ごじょくあくせ》にかへりては
釈迦牟尼仏《しゃかむにぶつ》のごとくにて　利益衆生《りやくしゅじょう》はきはもなし

観音菩薩や勢至菩薩には、木像や絵像であうことはできても、直接そのお声を聞くことができません。

祖師は聖徳太子《しょうとくたいし》の本地《ほんじ》と仰いだ六角堂《ろっかくどう》の観音菩薩の夢告《むこく》をうけ、勢至菩薩の化現《けげん》と仰いだ法然上人の説法を聞いて、この両菩薩との出会いをされたようでありますが、私自身はこのような出会いを果たすことができないのであります。

ただ、歴史上の人間としてインドに出られ、多くの教法を説き遺してくだされた釈迦牟尼仏のみ声は、その経典の文字の上から直接聞くことができるのであります。膨大《ぼうだい》な大蔵経《だいぞうきょう》を眺めているだけでも、釈迦如来のご苦労がひしひしと感じられます。

私たちは、いま相手の悩みも見抜けず、自由自在に救いの法を説くこともできませんが、このたび安楽浄土に生まれさせていただくと、その釈迦如来のように、自由自在にもろびとに弥陀の救いを伝えることが可能になるとされるのであります。

利益《りやく》に「めぐみ　あわれむ」（顕智本）という説明をされていますから、生きとし生けるものをあわれみ、そしてめぐみを施すことが、きわもなくできる身となると讃嘆されるのであります。

㉑ 神力自在《じんりきじざい》なることは　測量《しきりょう》すべきことぞなき

不思議の徳をあつめたり　無上尊《むじょうそん》を帰命《きみょう》せよ

浄土に誕生して不思議なはたらきをさせていただくことは、まことに自由自在でとても如来以外の者よりはかられるところではないといわれます。

それは、如来が四十八願で、第五願より第十願までに、その不思議なはたらきができるように願われていたからであります。

祖師は、それを「不思議の徳をあつめたり」と讃嘆されますが、徳に「たすく」という説明をされていますように、浄土でのすべての徳やはたらきは、ひとえにもろびと救済のためであることを教えられます。

仏がたにお供養することも、相手の心をすべて見抜くことも、一念のあいだに十方世界に至ることができるのも、浄土を動かずして十方世界に至って行動することができるのも、まったく一切の生きとし生けるものの苦しみにかかわり、その救済のためである、と知らされるのでありま す。

ここに、浄土は逃避の場所でも眠りこむところでもなく、他者のための行動をおこす世界であることが知れました。

㉒ 安楽声聞《あんらくしょうもん》 菩薩衆《ぼさつしゅ》 人天智慧《にんでんちえ》ほがらかに
身相荘厳《しんそうしょうごん》みなおなじ 他方《たほう》に順《じゅん》じて名《な》をつらぬ

この世界では、同じ釈迦如来のみ前で教えても、菩薩や声聞《しょうもん》、人間や天人というちがいがありますが、浄土に生まれればまことにすぐれた仏の真実の智慧をいただき、自由自在にすべての者によく通達して（ほがらかに）、相手の苦悩が手にとるように知ることができると、『大無量寿経』にもとづいて明かされました。

さとりが平等で一つでありますから、身体の姿形《すがたかたち》もすべて同じであるといわれるのであります。

仏教ではインドの思想によって、姿形はみずからの業《ごう》（行動）の結果だと考えますが、如来の本願によって救われ、同一の信という仏だねで仏となったからには、すべて平等にして何の区別もない、さとりも身体のすがたも同一であるとされるのであります。ただ、浄土に生まれる前のありようから、「国中《こくちゅう》の人天《にんでん》」とか「国中《こくちゅう》の菩薩」とか呼ぶのにすぎないと教えられます。

㉓ **顔容《げんにょう》 端政《たんじょう》たぐひなし　精微妙軀《しょうみみょうく》非人天《ひにんでん》**
虚無之身無極体《こむししんむごくたい》　平等力《びょうどうりき》を帰命《きみょう》せよ

浄土に生まれた聖衆《しょうじゅ》の顔かたちやそのからだは、同一であるとともに、「顔容《げんにょう》 端政《たんじょう》」に、

おむかほばせ　なおく　浄土《じゃうど》のひとのかたちのよきことなり（高田本）

と説明されますように、とてもすぐれており、かつ美しい姿形《すがたかたち》であることを讃嘆されるのであります。

「精微妙軀《しょうみみょうく》非人天《ひにんでん》」が漢字ばかりで理解がむつかしくてはと、一字一字に、

ことによし　よし　たえなる　み　天《てん》にあらず人《にん》にあらず（高田本）

と説明を入れていられます。人間よりも天人の方が姿形が美しいとされますが、それをも超えており、仏像は人間の姿でもって仏菩薩《ぶつぼさつ》のすがたを彫ったり描いたりして表現しておりますが、それと全く同じ仏や菩薩の姿形になると思えば大きな見当違いであると教えられます。

ガンダーラで産み出されたという仏像は、ギリシャ彫刻の影響をうけているといわれ、まことに均斉《きんせい》がとれており、崇高にして美しいみ仏の姿をしていられます。しかし、それよりも、もっと姿形が美しい仏のすがたにさせていただけることを喜ばずにはいられません。

「虚無之身無極体《こむししんむごくたい》」にも、

虚無之身《こむししん》といふはきはもなき法身《ほふしん》の体《たい》なり（高田本）

と説明されていますが、これこそ私たち凡夫には把握できない真実のさとりを開いた仏の顔や姿になることを教えられたのでありました。

虚無《こむ》も無極《むごく》もさとりの替《か》え名《な》でありますが、その内容をうかがえば、凡夫には把握できないところから虚無といい、人間だけでなく、菩薩まではるかに超えてすぐれた姿であるから無極《むごく》の体《たい》と仰せられるのでありましょう。

このようなすばらしい仏果《ぶつか》を開かせるのは、全く如来の平等のはたらき、お力によることでありますから、平等力《びょうどうりき》の名をもって「阿弥陀仏《あみだぶち》なり」と顕智本に説明されるのであります。

ところが、これだけでは、この和讃のおこころを汲み尽くしたことにならないようです。それは、なぜ浄土に生まれれば顔かたちや身体の姿形が美しくなると『大無量寿経』に説かれたのかという理由をうかがわねばならないからであります。

当時のインドには、ハンセン病や天然痘《てんねんとう》などの後遺症によって、顔や身体が不自由になり、醜《みにく》い姿になる場合があるために、その顔かたちを白い眼でじろじろ眺めては差別する人間が多くいたことを表わしていました。

浄土は差別する心を失う世界でありますから、差別をうける苦悩のない世界であることを教えられるのであります。

平等力《びょうどうりき》の如来のすくいによって平等覚《びょうどうかく》のさとりを目指す私たちであれば、病いの後遺症に苦しむひとや、身体障害のひとを眺めては差別する心をたえず厳しく省みて、次第にそれを無くしてゆけるはずであります。

㉔ 安楽国《あんらくこく》をねがふひと　正定聚《しやうじやうじゆ》にこそ住《じゆう》すなれ
邪定不定聚《じやじやうふじやうじゆ》くにゝなし　諸仏讃嘆《さんだん》したまへり

平等にして同一のさとりを開かせていただくことになるのは、如来より私たちが賜わる仏だねが同一であるゆえであることを、この和讃より三首であらわされました。

まず、この和讃は、如来の第十一願が成就したことを示しつつ、如来より信を賜わって浄土を願生する者は正定聚《しやうじやうじゆ》に住することを教えられました。「正定聚」には、

まさしく定《さだ》まるともがら（顕智本）

「邪定不定聚《じやじやうふじやうじゆ》」には、

邪定《じやぢやう》は万行万善自力《まんぎやうまんぜんじりき》の往生《わうじやう》　観経《くわんぎやう》の説《せち》　不定聚《ふぢやうじゆ》は阿弥陀経《あみだきやう》のこころ　行《ぎやう》は不可思議《ふかしぎ》なれども我《われ》ら自力《じりき》に修行《しゆぎやう》するあひだ不定聚《ふぢやうじゆ》と説《と》く（高田本）

と、まことにくわしい説明をされています。

もともと、浄土に生まれて、そこで正定聚（仏のさとりを開くのにまさしく定まるともがら）に入

るのであったものを、祖師親鸞は、現人生で正定聚の菩薩の位に住し、この肉体が消えれば、すぐさま仏のさとりをさとることができることを、大変喜ばれたのであります。

ところが、弥陀の浄土を願生しながらも、私たちが仏になるための行としてお与えくださるみ名のすくいを素直にいただこうとせず、自分の力で仏になるためのあらゆる行を励むともがら(邪定聚《じゃじょうじゅ》)、折角の如来よりの行を自分にもちかえてたくさん称え、それを条件に仏になろうとするともがら(不定聚《ふじょうじゅ》)は、真実の浄土では一人も見当らないと教えて、釈迦如来が自力にこだわることを誡められるのであります。

仏がたが讃嘆されるのは、自力にたよらず、行としてのみ名をただ素直にいただくばかりで、見事に浄土に生まれて、仏としての活動を自由自在に楽しく行動することができるということであります。

㉕ 十方諸有《しょう》の衆生《しゅじょう》は　阿弥陀至徳《あみだしとく》の御名《みな》をきゝ
真実信心《しんじつしんじん》いたりなば　おほきに所聞《しょもん》を慶喜《きょうき》せん

第十八願に「十方衆生」、その成就の文に「諸有《しょう》衆生」と呼びかけられていますが、それを今「十方諸有の衆生は」として、その左に、

諸有《しょう》は二十五有《う》の衆生《しゅじゃう》といふ　我《われ》ら衆生《しゅじゃう》は二十五有《う》に過《す》ぎて生《む》まるるといふこころなり（高田本）

という説明をされています。

つまり、十方という方角だけでいうのではなく、上は天上界から下は地獄・餓鬼までの、まよいの世界のすべてを挙げて、そこに生存している者を如来の相手とされることを告げられるのであります。

それらの世界の生きとし生けるものは、最高の価値をもっている阿弥陀仏のみ名を耳に聞いて、真実の信心が心のなかに徹到《てっとう》するならば、大きな喜びをいただくと教えられます。

「真実信心《しんじつしんじん》」の「真実」に、

まこと　みとなる　真《しん》は偽《ぐる》ならず仮《け》ならず　偽《ぐる》はいつはる　へつらう　真《しん》は仮《か》りならず　実《じち》は虚《こ》ならず　むなしからず（高田本）

と、くわしく説明されています。

前の和讃では、十方の仏がたが、み名の救いを口をそろえて讃嘆《さんだん》されると示されますから、十方に生きているもろびとは、そのみ名を讃嘆する説法を聞いて信心をいただくことができるのであります。

その信心は、この生命が終わってからだけ役立つものではなく、私の現実の心のなかにいただいて、この人生に大きな喜びを恵まれるのであると知らされます。

「所聞《しょもん》を慶喜《きょうき》せん」に、

信《しん》ずることをえて喜《よろこ》ぶなり（文明本）

所聞《しょもん》といふは信《しん》ずる心《こころ》といふこゝろなり（高田本）

という左仮名《ひだりがな》があるところより、前におっしゃった法喜《ほうき》のように、聞かせていただくすくいの法が広大であるから、それを心に賜わった信心も広大であり、それを与えられて生きる現人生も何の不安も危ぶみもなく、大きな岩によりかかったように、世間の悲しみや苦しみをのり越えて生きる力が湧き上がってくることを告げられたのでありましょう。

弾圧をうけて北越に流され、わが子に裏切られ、妻や多くの子女と別れて暮らされた祖師であったにもかかわらず、大きな喜びに包まれてその生涯を閉じることができたようでありました。

㉖ 若不生者《にゃくふしょうじゃ》のちかひゆへ　信楽《しんぎょう》まことにときいたり
一念慶喜《きょうき》するひとは　往生かならずさだまりぬ

浄土真宗の信心は、まったく如来の方よりの信であるから、如来みずからが第十八願に「若不生者《ふしょうじゃ》」という大誓願《だいせいがん》をおこされるのであります。その左に、

わが誓《ちか》ひを信《しん》ぜんもの　もし生《む》まれずば仏《ほとけ》にならじといふこゝろなり（高田本）

という説明をされている祖師は、若不生者という誓いなればこそ必ずいつか信楽《しんぎょう》という仏だねをいただく時節が到来することを「まことにときいたり」という言葉であらわされるのでありました。

その「信楽」を、

金剛《こむがう》の信心《しんじむ》なり　この他力金剛《たりきこむがう》の信心《しんじむ》のさだまるとき阿弥陀《あみだ》ほとけの御心《おんこころ》にはかなふとしるべし（顕智本）

という説明をされているのであります。

信心をいただいたとき、如来は御心にかなっておよろこびになるといわれるのですが、一方、信心を得たひとも、「一念慶喜《きょうき》するひとは」に、

信《しん》を得《え》てのちに喜《よろこ》ぶとなり（文明本）

身《み》にも心《こころ》にも喜《よろこ》ぶなり（顕智本）

の左訓をつけて、その喜びの大きいことを表現されています。

そして、祖師にとっての何よりの大きな喜び、大きな利益《りやく》は、「往生かならずさだまりぬ」であったようでありました。

私には、祖師の二十年の叡山における生命がけの修学のような模索がありませんから、祖師の喜びを推しはかることはできませんが、仏のさとりをめざし、弥陀の浄土を願生《がんしょう》して求道《ぐどう》した祖師にとっての何よりの大きな喜びは、浄土に生まれることがまちがいなく、必ず仏になるということであったでしょう。

㉗ 安楽仏土の依正《えしょう》は　法蔵願力《ほうぞうがんりき》のなせるなり
天上天下《てんじょうてんげ》にたぐひなし　大心力《だいしんりき》を帰命《きみょう》せよ

この和讃よりは浄土の世界そのものを讃嘆されるのであります。「依正《えしょう》」には、

依報《えほう》はよろづの宝樹宝池《ほうじゅほうち》　よろづのかざりなり　すべてのかざりの名《な》なり　正報《しやうほう》は我《われ》らが極《ご》楽《らく》にまいりなば神通自在《じんづうじざい》になるをいふなり（高田本）

と説明され、依報は七宝《しっぽう》でできた木々や池などのお浄土の環境であること、正報《しょうほう》は阿弥陀如来やそこへ生まれて仏のさとりを開き、救済の活動を自由自在に展開している聖衆《しょうじゅ》（往生人）であることをいわれるのであります。

そして、浄土の一樹《じゅ》一草《そう》も、往生人の一人一人も法蔵菩《ほうぞうぼ》薩《さつ》の本願の力によるものであると讃嘆される祖師でありました。

この浄土は、菩薩もふくめてありとあらゆる世界にくらべることができないほど超えすぐれているので、そのような浄土を建立《こんりゅう》した広大な如来の本願の力を讃嘆して、それに帰命することを

私たちに勧められる祖師でありました。

その「帰命」に、

より　たのむ　仰《おほ》せにしたがふ　みやうのことばなり　召《め》しにかなふといふなり（高田本）

と、あらためて信順の意であることを確認されるのであります。

㉘ **安楽国土の荘厳《しょうごん》は　釈迦無碍《しゃかむげ》のみことにて**
とくともつきじとのべたまふ　無称仏《むしょうぶつ》を帰命《きみょう》せよ
已《い》今当《こんとう》の往生は　この土《ど》の衆生のみならず
十方仏土よりきたる　無量無《むりょうむ》数《しゅ》不可《ふか》計《け》なり

高田本の本文は「釈迦無碍《しゃかむげ》の大弁才《だいべんざい》」となっていますが、釈迦如来の自由自在の弁舌さわやかなご説法でも、阿弥陀如来の浄土のありさまをくわしく説き尽くすことは不可能であると仰せられるのであります。「無称仏《むしょうぶつ》」に、

言葉《ことば》にて言《い》ひ尽《つ》くしがたきによりて無称仏《むしようぶつ》とまふすなり（高田本）

と説明されて、人間や菩薩のみならず、釈迦でも阿弥陀仏のお徳、浄土の不思議なありさまを言いつくしがたしといわれるのであります。

この和讃が、浄土の一樹一草まで真如にかなった不可称不可説《ふかしようふかせつ》の世界であることをあらわすのに対して、次の和讃は、浄土へは、釈迦如来の教えをうけたこの私たちの世界からだけでなく、十方の仏がたの世界からも、たくさん生まれてくることを教えられます。

「已今当《いこんとう》の往生は」に、

過去《くわこ》に生《む》まる　今生《こむじやう》に生《む》まる　未来《みらい》に生《む》まるるなり（文明本）

と、過去・現在・未来にたくさんのものが生まれてゆくのを、とても計ることが不可能なほど無量であり無数であると仰せられます。

このように、真如をさとる阿弥陀仏の浄土は、まことにすぐれているとともに、たくさんの往生人が生まれているけれども、不思議なことには、少しも狭くならず、つねに広大で果てしなく、煩悩のけがれがいささかもありませんから、とても美しく光り輝く世界であることを、やはり『大無量寿経』にもとづいて教えられるのであります。

これと対照されるのは、私たちの人間界であります。人口増加の深刻な問題や、地球の砂漠化、公害や戦争や殺人で汚染された醜い世界が、浄土の光によってたえず照らし出され、つねに人間にほんとうの幸福のための目標を与えつづけております。

㉙ 阿弥陀仏《あみだぶつ》の御名《みな》をきゝ　歓喜讃仰《かんぎさんごう》せしむれば　功徳《くどく》の宝《ほう》を具足《ぐそく》して　一念大利無上《いちねんだいりむじょう》なり

すばらしい浄土に生まれてゆくための真実の因《いん》を次の和讃とともに明らかにされました。それは、阿弥陀仏のみ名を聞くよりほかないことを、はっきりと私たちに告げられます。

なぜ如来がみ名を私たちに聞かせて救おうとされるのかを、いくたびも聞いておりますうちに、歓喜讃仰《かんぎさんごう》する心が恵まれてくると示されます。

よろこび　よろこぶ　ほめ仰《あお》ぐ　歓《くわん》は身《み》をよろこばしむるをいふなり　喜《き》は心《こころ》をよろこばしむるをいふなり（高田本）

と解釈されて、この人生に身も心も喜びにみたされることを仰せられました。

第十八願の成就文《じょうじゅもん》に「信心歓喜乃至一念《しんじんかんぎないしいちねん》……」と説かれ、流通分《るずうぶん》に「歓喜踊躍乃至一念《かんぎゆやく》」と説かれたものをやさしく示して、信を賜われば苦悩の娑婆《しゃば》に大きな喜びを賜わり、功徳《くどく》の宝を身にそなえさせていただき、広大にして最高の利益《りやく》を、み名を聞いて如来に信順できた最初のときに頂戴するのであると、祖師自身のたからかな喜びをあらわして、うたい上げられる和讃であります。

「大利《だいり》」に、
涅槃《ねちはん》に入《い》るを大利《だいり》といふなり（高田本）

という左訓をつけられているところを見ると、人間をはるかに超えてほんとうの仏のさとりを開かせていただくことに決定したことが、何よりの祖師の喜びであったようです。

私たちは、「利益」というと、病気がなおるとか、家庭の不和がなくなるとか、お金がもうかるとかをすぐ想起しますが、そのような目前の小利を求めることが、はたしてほんとうのゆるぎなき利益といいうるのかと、祖師に問いなおされる思いをするのが、この和讃の迫力であります。

㉚ たとひ大千世界《だいせんせかい》に　みてらん火《ひ》をもすぎゆきて
仏《ぶつ》の御名《みな》をきくひとは　ながく不退《ふたい》にかなふなり

前の和讃と同じく、如来の浄土に生まれてゆく真実の因は、阿弥陀仏のみ名を聞くことであると勧められるのであります。

そのみ名を聞くためには、かりに日月をはじめ、地球や天上界、すべての世界が大火に充ちみちても、それをつきぬけて通りすぎてまでも、み名を聞くひとだけが、いつまでも不退転《ふたいてん》の人生を自分のものとすることができると、私に告げられたのであります。

『法華経《ほけきょう》』では、私たちの人生を火のさかんに燃え上がっている宅《いえ》にたとえられましたが、「そんなことはあり得ない、仮りにあるとして」という仮定のもとに解釈してきた「たとひ……みてらん火をも」でありました。ところが今や、米ソをはじめとする核の競争は、まったくの仮定とはいえなくなりました。

もし核戦争の火が燃え上がれば、もはやそれを通りすぎることは不可能でありましょう。それからすれば、この大千世界の火炎《かえん》とは、煩悩のはげしき火、生活にいそがしい炎と味わうことができましょう。

核戦争の火は、いつまでも「かりに」であるように、また生活の炎は、それをいつでも「すぎゆきて」であるように、と願うことが、実は、如来と祖師のただ今の切実の願望でありましょう。

㉛ 神力無極《じんりきむごく》の阿弥陀は　無量の諸仏ほめたまふ
東方恒沙《とうぼうごうじゃ》の仏国《ぶっこく》より　無数《むしゅ》の菩薩ゆきたまふ
自余《じよ》の九方《くほう》の仏国も　菩薩の往覲《おうごん》みなおなじ
釈迦牟尼如来偈《しゃかむににょらいげ》をときて　無量の功徳《くどく》をほめたまふ

『大無量寿経』の下巻で釈迦如来がお説きになった東方偈《とうぼうげ》によって、無数の菩薩がたが十方の仏がたの国より阿弥陀仏の浄土に往覲《おうごん》したもうことを讃嘆されるのであります。「往覲」には、往生《わうじやう》して仏《ほとけ》をみたてまつるなり　十方より菩薩《ぼさち》の極楽《ごくらく》へ参《まい》りて弥陀《みだ》をみたてまつるこゝろな

り（高田本）

という説明をされています。

なぜ、大日如来《だいにちにょらい》や薬師如来《やくしにょらい》などのガンジス河の砂の数ほどいられる仏がたが、ご自分の国の菩薩がたに弥陀の浄土にまいることを勧めるのかといえば、それは、

神通自在《じんづうじざい》にましますことの極《きは》まりなきなり（高田本）

と、「神力無極」の左に説明されるように、悪世《あくせ》にうごめいている悪凡夫《あくぼんぶ》が、たやすく最高の仏果を開くことができるのは、阿弥陀仏の本願力しかないというので、仏のさとりを開こうと自利《じり》利他《りた》の行《ぎょう》を励んでいるご自分の国の菩薩がたに、阿弥陀仏の国に往《い》って、まみえ、如来の教えを蒙ってくるように勧められるのであります。

無量の仏がたが、この不思議な救済をされる阿弥陀仏をほめたたえるのでありますから、浄土にやってこられる菩薩がたも無数であるということです。

釈迦如来も、その仏がたの一仏として私たちに弥陀の本願を勧められ、その浄土に生まれて阿弥陀仏にお会いし、そのご教化を蒙って衆生救済の活動をすることを願われたのであります。

㉜ 十方の無量菩薩衆《むりょうぼさつしゅ》　徳本《とくほん》うへんためにとて
恭敬《くぎょう》をいたし歌嘆《かたん》す　みなひと婆伽婆《ばがば》を帰命せよ

なぜ十方の仏がたが、ご自分の国の菩薩たちに阿弥陀仏の浄土へ往くことを勧められるのかという理由を、ここにお示しになります。

無量無数の菩薩がたが弥陀の浄土へやってこられるのは、徳本《とくほん》を植えんがためであるというのです。祖師は、「徳本」に、

功徳《くどく》のほんなり（顕智本）

という簡単な説明をされていますが、仏になることを目指して、自利利他の行を励んでいられる菩薩たちにとって、弥陀の教えを聞いて、観音・勢至などの大菩薩にご指導を仰ぎながら、ひたすら修行に励むことによって、他の仏がたの国でやるより早く仏のさとりを開くことができるという有利な点があるからとされます。

「恭敬《くぎょう》をいたし歌嘆《かたん》す」には、

つつしみ　うやまふ　ほめほむ　心《こころ》もおよばず敬《うや》まうこころなり　声《こゑ》に挙《あ》げてほむるを歌《か》といふ　心《こころ》のうちにほむるを嘆《たん》といふ（高田本）

と説明をされていますから、阿弥陀如来を身も心もつつしんで、声を挙げてほめたてまつるという供養《くよう》の行動をされるようであります。

十方の仏国の菩薩がたですら、このとおりであるから、人びとよ、すべて婆伽婆《ばがば》（如来）に帰命いたしましょうと呼びかけられる祖師でありました。

「婆伽婆」には、
天竺《てんじく》には仏《ほとけ》をばがばといふなり（高田本）

と説明されまして、インドの言葉にそのまま漢字を当てて如来のお徳の名とすることを教えられます。この婆伽婆には、いろいろな如来のお徳がおさめられており、その代表的なものでも、自《じ》在《ざい》、吉祥《きつしょう》、尊貴《そんき》、端厳《たんごん》、徳成就《とくじょうじゅ》、有徳《うとく》、巧分別《ぎょうふんべつ》などと訳されています。

㉝ 七宝講堂道場樹《しっぽうこうどうどうじょうじゅ》　方便化身《ほうべんけしん》の浄土なり
十方来生《らいしょう》きはもなし　講堂道場礼《らい》すべし

『大無量寿経』のおわりに、釈迦如来は、如来の本願のすくいを疑う者は、弥陀の浄土へ生まれることはできても、真実の浄土を見ることができず、方便化身《ほうべんけしん》の浄土しか見られないと誡められました。その「方便化身の浄土なり」を、

辺地《へんぢ》懈《け》慢国《まんごく》なり　疑《ぎ》惑胎生《はくたいしゃう》の浄土《じゃうど》なり（文明本）

と説明され、そこには七宝でできた講堂もあれば道場樹《どうじょうじゅ》もあるとあらわされます。

講堂に、「ならふ　いえ」、道場樹に「仏道《ぶちだう》のには　には　双樹林下《さうじゅりむげ》の往生なり」の説明がありますから、ただ七宝でできた大きな建物が立っているだけでなく、そこで説法を聞き、次第に自力で仏智《ぶっち》を疑ったあやまちを悔いることによって、真実の報土へとすすむことができるのであります。

そのあいだの時間は五百年と説かれていますが、これもそのひとによって長短があるようです。

説法も阿弥陀如来のお声ばかりでなく、浄土の宝の樹々、それから観音・勢至や浄土に生まれている往生人《おうじょうにん》（聖衆）の教えの声もあるでしょう。

ところが、むしろ、この真実にあらざる方便化土《けど》に十方より生まれて来る者が多いというのでありますから、いかに本願を疑う者が多いかが知らされます。

「講堂道場《こうどうどうじょう》 礼《らい》すべし」とは、そのように本願を疑う自力のひとを方便して、仮りにそういう世界を浄土の中にあらわし、講堂道場の中で教えさとして、真実の浄土へとすすめ入れるその阿弥陀仏の大慈悲のおはからいをよろこんで礼拝し感謝せねばならないと勧められる祖師でありました。

宗教系の学校の大学生や高校生が門を出入りするとき、講堂の方向に礼拝するのを眺めながら、この和讃を味わったこともありました。それは講堂に御本尊や祖師のおすがたが安置されているからでありましょうが、実は浄土は依正不二《えしょうふに》といって、浄土がそのまま如来であり、講堂や道場樹がそのまま如来そのものという不思議な徳があることをあらわされたのでありましょう。

㉞ 妙土広大超数限《みょうどこうだいちょうしゅげん》　本願荘厳《ほんがんしょうごん》よりおこる
清　浄《しょうじょう》　大摂受《だいしょうじゅ》に　稽首帰命《けいしゅきみょう》せしむべし

如来の本願の救済を疑って方便化土《ほうべんけど》に生まれるひとは、弥陀の浄土に生まれていながら、すべてを有限に眺めてしまうそうです。

如来の寿命が限りあると見るだけでなく、浄土の樹々《きぎ》の高さをはじめすべての環境を、せまく、小さく、短く見てしまうというのです。

ところが、これに対して他力の救いのままに浄土に生まれたひとは、不思議な浄土のありさまを眺めることができるというのであります。その不思議な浄土は広大であり、無限の世界であるとされます。それは如来の第十八願を中心とする四十八願が成就してでき上がっている浄土であるからであります。

その浄土は真如にかなって煩悩の汚《けが》れを離れていますから、清浄《しょうじょう》であります。そしてその浄土は私たち一切の生きとし生けるものを救済し受けこむためですから、阿弥陀仏の徳を表わす名として清浄《しょうじょう》大摂受《だいしょうじゅ》と仰せられるのであります。

最後に祖師は、頭を地につけて、如来に帰命しましょうと私たちにすすめていられます。

㉟ 自利利他《じりりた》円満《えんまん》して　帰命方便巧《きみょうほうべんぎょう》荘厳《しょうごん》
こころもことばもたへたれば　不可思議尊《ふかしぎそん》を帰命せよ

「自利利他円満《じりりたえんまん》」に、

自利《じり》は阿弥陀《あみだ》の仏《ほとけ》になりたまひたるこころ、利他《りた》は衆生《しゅじゃう》を往生《わうじゃう》せしむるこころ　円《ゑん》は善悪《ぜんあく》すべてわかず　よきことになしてましますこゝろのみちたるこころなり　みずからも仏《ほとけ》になり衆生《しゅじゃう》も仏《ほとけ》になることを円満《ゑんまん》すといふなり（高田本）

と、まことにご親切な説明を出されるのであります。

これをいただきますと、阿弥陀如来は、私たちが浄土に生まれて仏にならねば、みずからも仏にならぬと願われ、善人も悪人もわけへだてせず、すべて真実なる人間（仏）にしようとされる心がみちみちているのであると教えられます。

その自利利他の如来によって巧みな方便（てだて）で成就されているのが、こころもことばも絶えはてている、まことに不可思議な浄土であります。

「帰命方便巧荘厳《きみょうほうべんぎょうしょうごん》」とは、曇鸞《どんらん》大師が竹の火ばしの譬《たと》えでわかりやすく教えられますように（竹の火ばしは火をはさんで、向こうへ届けようとしている間に、みずからが先に火になってしまうように）、ご自分よりも他の人びとに先に仏のさとりを得させようという行動をされることによって、ご自分がまず先に仏になられるという巧みな善巧方便《ぜんぎょうほうべん》ででき上がっている浄土に帰命したてまつると左に仮名をつけて読んでいられます。それがそのまま南無阿弥陀仏《なもあみだぶつ》というみ名におきかえることもできるというものでありましょう。

㊱ 神力本願及《じんりきほんがんぎゅう》 満足《まんぞく》　明了《みょうりょう》 堅固究竟願《けんごくきょうがん》
慈悲方便不思議《じひほうべんふしぎ》なり　真無量《しんむりょう》を帰命せよ

祖師は、いくたびも浄土が如来の本願の不思議な力でき上がっていることを讃嘆されます。ここでは『大無量寿経』の「これ皆、無量寿仏の威神力《いじんりき》の故《ゆえ》に、本願力《ほんがんりき》の故に、満足願《まんぞくがん》の故に、明了願《みようりようがん》の故に、堅固願《けんごがん》の故に、究竟願《くきようがん》の故なり」の言葉をうまく活用して明らかにされるのであります。

私たちが、漢字を見てもわかりにくいところには、祖師は必ず仮名《かな》をふって教えられました。明了《みようりよう》には「あきらかなり　さとるといふ」、堅固《けんご》には「信《しん》のかたきを堅《けん》といふ　心《こころ》のかたきを固《こ》といふ　金剛心《こむがうしむ》なり」（高田本）という説明をされています。

浄土は如来の不思議な力でできており、本願力でできており、本願が見事に成就し満足したことによってできており、真如にかのうて明らかにさとっている如来のさとりでできており、きわめてかたい如来の願心でできており、仏がたに超えて最高の本願でできていることを讃嘆されました。

如来の本願がきわめて堅いので、私たちは金剛の信心をいただけるのであり、最高の本願なるが故に、私たちは最高のさとりを開くことができるのであると左仮名より教えられます。

如来のさとりの智慧が不思議なればこそ、その慈悲の活動が不思議であり、その如来の巧みな私たちを救う方便《ほうべん》（てだて）も不思議であります。私たちを救うために願われたご自分の寿命も光も、本願も智慧も慈悲も、またそれらで完成された浄土も、すべて真実にかのうて人間の思惟《しい》を超えて無量であると讃嘆されました。その阿弥陀仏の徳のみ名を真無量《しんむりょう》と掲げて、私たちに信順をすすめ、その浄土への願生《がんしょう》をすすめられたのでありました。

㊲ 宝林宝樹微妙音《ほうりんほうじゅみみょうおん》　自然清和《じねんしょうわ》の伎楽《ぎがく》にて　哀婉雅亮《あいえんがりょう》すぐれたり　清浄楽《しょうじょうがく》を帰命せよ

私たちは、日常生活で宝石に魅せられ、それをこの世の財宝として、金銀やダイヤなどを手に入れては満足しています。ところが、弥陀の浄土は、そういうあらゆる金銀や宝石、宝玉《ほうぎょく》でその環境ができ上がっていることを釈迦如来は説いていられます。

如来が坐っておいでになる宮殿も楼閣《ろうかく》も蓮《はちす》の葉も、林も樹々も、池の底も、道もすべてが、まばゆく光り輝き、互いに照らし合い、映《は》え合ってまことに美しい世界を展開しているといわれるのです。

それは、世俗の価値を色あせしめ、私たちを金銀財宝や財産に対する欲望、執着《しゅうじゃく》より解放させるものであるとうけとれます。

ところが、それらの宝の樹々や林、池や楼閣がただそこに存在するだけでなく、ときどき吹いてくるそよ風によって、微妙《みみょう》の音楽をかなで、そして説法の声となって聞こえるといわれるのです。

「宝林宝樹《ほうりんほうじゅ》」に「木《き》の繁《しげ》きによりて林《はやし》といふ」、「微妙音《みみょうおん》」に「こまかなり　よしとたへたりおと」という左仮名をつけるだけでなく、

木《き》の枝《えだ》、池《いけ》の水《みづ》、働《はたら》き動《うご》くもの、みな法《のり》の声《こゑ》ならぬものなし（高田本）

という説明をされています。

「自然清和《じねんしょうわ》の伎楽《ぎがく》にて」には、

宮《きう》　商《しゃう》　角《かく》　徴《ち》　羽《う》の声《こゑ》のやわらぎたるこころなり（高田本）

という音階を入れての説明があります。

また「哀婉雅亮《あいえんがりょう》すぐれたり」には、

哀《あは》れに澄み　ただしくさえたり（文明本）
哀れにたわやかなる響《ひび》き　たわやかなり（高田本）

という左仮名があります。

これらの樹々より出る音楽は、『大無量寿経《だいむりょうじゅきょう》』や『観無量寿経《かんむりょうじゅきょう》』や『阿弥陀経《あみだきょう》』には、空《くう》、無《む》我《が》、無常《むじょう》を説く声となったり、念仏《ねんぶつ》、念法《ねんぼう》、念僧《ねんそう》の声となると示されています。またこの和讃の説明のように、その音楽は、自然であって調和がとれ、やわらぎ、やわらかなる音楽で、哀れに（心にしみて情趣《じょうしゅ》がある、しめやかで感が深い）、たわやかな（しなやかでやさしい）、澄んでいる、ただしくさえている、きわめて美しくてすぐれた音色《ねいろ》であるというのであります。

そして「清浄楽《しょうじょうがく》」の左には「阿弥陀如来《あみだにょらい》なり」（顕智本）という左訓を入れて、耳に聞いても欲情も執着もおこらぬ清浄な音楽をかなでさせるものは、やはり阿弥陀如来の本願力《ほんがんりき》であると教えられるのであります。

私たちのところにその浄土よりの音楽が届いて、耳に口に「なもあみだぶつ」と響いていると領解《りょうげ》されたのは曇鸞大師でありました。

㊳ 七宝樹林《しつぽうじゆりん》くにゝみつ　光耀《こうよう》たがひにかゞやけり
華菓枝葉《けかしよう》またおなじ　本願功徳聚《ほんがんくどくじゆ》を帰命せよ

金、銀、瑪瑙《めのう》など七種類の宝でできた樹々が浄土に満ち満ちており、それが高田本では「光耀《こうよう》たがひに映発《えいはつ》す」とあるように、互いに映え合い、うつりあって光り輝いているといわれるのでありま す。

華《はな》や菓（このみ）や枝や葉もまた同じで、互いに映え合い照らしあって輝いているというのですから、まことにまぶしいほど美しく明るい世界であることが想像できます。

死後は、くらい墓の下へ、地下へと旅立つように思っているのは、日本の民族信仰のなごりであって、悪業《あくごう》のままに地獄へ堕ちゆく者は燃えさかる炎の世界へと向かい、浄土へ向かう者は、まことに明るい、光り輝く世界へ誕生してゆくのであります。

これらの浄土の宝の林もすべて阿弥陀如来の本願よりでき上がったお徳のあつまりでありますから、その本願功徳聚《ほんがんくどくじゆ》を如来の徳を表わす名とされ、その宝林宝樹《ほうりんほうじゆ》をすばらしいと思うなら、その浄土を願生するなら、如来の仰せに信順するよう勧めて下さる祖師でありました。

㊴ 清風《しょうふう》 宝樹《ほうじゅ》をふくときは　いつゝの音声《おんじょう》いだしつつ 宮《きゅう》 商《しょう》 和《わ》して自然《じねん》なり　清浄勲《しょうじょうくん》を礼《らい》すべし

地獄では業風《ごうふう》が吹きまくって、そのたびに苦しみにのたうちまわるそうですが、浄土ではときどき清らかなそよ風が吹いてきて、宝の樹々の葉や枝を動かし、それらがすれおうて宮商《きゅうしょう》 角徴《かくち》羽《う》という五種類の音声《おんじょう》を出すと説かれるのであります。しかも、その宮と商などの音声が見事に調和して、しかも自然《しぜん》に響いていると示されます。

この浄土の清らかな風にも、阿弥陀如来の真如にかなった本願力のはたらきお徳が薫《かお》っているとして如来を清浄勲《しょうじょうくん》とほめたたえ、「勲」に「にほう」（高田本）の左訓をつけられました。

勲は「いさお　いさおし　かぐわしいてがら」の意味でありますが、その文字をしらべると、熏《くん》は、炎の上に煙突があり、煙がこもるさまを示す会意文字《えいもんじ》だそうです。つまり、薫《くん》（かぐわしい草）の原字《げんじ》で、よいにおいのこもることで、その右側に力を加えますと、かぐわしい努力の実り、すなわち賞賛されるてがらの意味になるそうであります。

祖師はこの清浄勲《しょうじょうくん》で、浄土の風とその音声に、如来の清浄なる薫りとてがらを共に表わそうとされたようであります。

浄土よりの清浄なる薫りが私の心に届き、口に念仏の声となって響き出ることによって如来はてがらを立てられることになるからでありましょう。

㊵
一一《いちいち》のはなのなかよりは　三十六百千億《ぴゃくせんのく》の
光明《こうみょう》てらしてほがらかに　いたらぬところはさらになし
一一のはなのなかよりは　三十六百千億の
仏身《ぶっしん》もひかりもひとしくて　相好金山《そうごうこんぜん》のごとくなり

『大無量寿経』の上巻の最後に、釈迦如来は浄土の池や地上に沢山生えている蓮《はす》の花より光が現われ、その出た光よりまたたくさんの阿弥陀仏の化身《けしん》（化仏《けぶつ》）が現われ出て十方の世界にはたらきかけてゆくことを讃嘆されました。そしてご自分も、その化仏の一仏として、いま弥陀の浄土より見て東方の世界で弥陀の救いを説いていると仰せられました。

なぜ蓮の花の一つ一つより三十六百千億の光が現われ出るのかといえば、その浄土の蓮の花には百千億枚の花びらがあって、またその一枚一枚の花びらに青・白・玄《くろ》・黄・朱《あか》・紫の六種の色があって、互いに照らし合い映《は》えあっているためであると説かれるのであります。

その三十六百千億の光は、浄土を照らすだけにとどまらず、十方世界のすみずみまでよく至りとどいて照らすため、その光に照らされないところはないというのであります。

そしてその三十六百千億の光のなかから、また三十六百千億の阿弥陀仏の化身が現われ出るというのでありますから、仏身も光も同じく無数であって、その仏の相好《そうごう》はまるでまぶしい黄金の山のようであると讃嘆されました。

「相好」には「相《さう》は大《おほ》かたち　好《かう》は小《こ》かたち」（高田本）と説明されているように、仏身のおすがたの大きな特徴の三十二相と、小さな特徴の八十随形好《ずいぎょうこう》をいっしょに言われるわけですが、結局は、その蓮の花びらより、光の中より現われたもうた阿弥陀仏の化身の一仏一仏が、あたかも金の山のように、光明燦然《さんぜん》と放ち、とても大きな仏のおすがたであるとされるのであります。

㊶ 相好《そうごう》ごとに百千の　ひかりを十方にはなちてぞ
つねに妙法《みょうほう》ときひろめ　衆生を仏道《ぶつどう》にいらしむる

浄土の蓮の花びらより現われ出た沢山の弥陀の化仏《けぶつ》は、一仏（相好）ごとに百千のみ光を十方に放って何をされるかといえば、つねに阿弥陀仏のご自身のみ名による救いを説きひろめられると説いて、釈迦如来の『大無量寿経』上巻のご説法は終わっているのであります。

阿弥陀仏の願いは、苦悩する人びとを一刻も早く浄土に生まれさせて、ご自身と同じ最高の仏のさとりを開かそうというものであると教えられました。

そこにまた、私たちの人間として生まれた目的が何であるかを、釈迦如来は告げていられたのでありました。

それにもかかわらず、不思議なみ法に遇《あ》いながらしかもなお私自身の人生の目的が世俗の財産や栄達にあるとすれば、まことに阿弥陀如来や釈迦如来の願いに背《そむ》いていることであります。

㊷ 七宝の宝池《ほうち》いさぎよく　八功徳水《はっくどくすい》みちみてり
無漏《むろ》の依果不思議《えかふしぎ》なり　功徳蔵《くどくぞう》を帰命《きみょう》せよ

澄みきっていた川や海がすっかり汚くなり、貝や魚も次第に住めなくなってきております。それどころか、人間の飲む水さえも、悪臭がしたり、有害物質に汚染《おせん》されていたりしているのであります。

ところが浄土には、澄みきってまことに浄《きよ》らかな水をたたえた七宝の池があると説かれるのであります。しかも、八つの徳をもった水がたたえられているというのであります。

私たちの世界は、水によって生命が支えられているかと思えば、水によって生命を奪われる場合もあります。雨が降りすぎては、洪水で家も生命も流されてしまい、ダムや川、池に転落しては、水に生命を奪われてしまいます。

浄土の水は、そこに生まれたひとたちの思いのままになるだけでなく、八つの徳があって、かりに飲んでも身体をそこなうことのない、まことに美しく浄らかな水をたたえているそうであります。

「無漏《むろ》の依果不思議《えかふしぎ》なり」には、
煩悩《ぼむなう》のなきをいふ　極楽《ごくらく》の荘厳《しやうごむ》なり（高田本）

という説明がありますから、煩悩が全くなくなってしまい、ただ仏の清浄なる三業《さんごう》（身口意）の善でき上がっている宝の樹々や宝の池であり、宝の水であることが知らされます。

その環境は、凡夫がどれほど聞かされても、とても想像することはむつかしいことでありましょう。ただその七宝でできた、その宝の池の水に浄土の楼閣や樹々や蓮の花がうつって、まことにすばらしい光景でありましょう。

娑婆《しやば》の池や川が汚くなればなるほど、浄土の宝池《ほうち》を憧《あこが》れ、浄土願生の心を抱かせるものであります。

阿弥陀如来は、仏としての徳をすべておさめている蔵《くら》のような方であることを讃嘆して帰命をすすめられましたが、浄土を願生し、その弥陀の徳をおさめたみ名を聞くものが、どうしてみずからの経営する工場から悪水をたれ流すことができましょうか。工場を経営していなくても、口ではありがたい教えを説きながら、みずからの利潤《りじゅん》追求のために、平気で煩悩を身口意《しんくい》よりたれ流して恥じるところがないのが私自身であります。

㊸ 三塗苦難《さんずくなん》ながくとぢ　但有自然快楽音《たんぬじねんけらくおん》
このゆへ安楽《あんらく》となづけたり　無極尊《むごくそん》を帰命せよ

阿弥陀仏が浄土に八功徳水《くどくすい》の宝の池をこしらえられたのは、インドやアフリカに砂漠があり、炎熱の国土があり、しかも、差別によって人間の飲む水が与えられない現実が、むかしも今もあることによるためと窺われます。

つまり、浄土の環境のすべては、現実の人間世界や、それよりももっと苦しい地獄《じごく》・餓鬼《がき》・畜生《ちくしょう》という三塗の苦難に大悲の涙がかかっており、その苦悩より永久に解放しようという行動の結実でありました。

それを「但有自然快楽音《たんぬじねんけらくおん》」という七言の漢字で表現されました。さらに左に、

楽《たの》しみの声《こあ》のみあり（高田本）

と説明されています。

自然《じねん》とは、私たちの苦難にかかわり、そして、本願をたてて行動されたことによって自然に完成された如来のさとりをあらわす言葉であります。浄土を安楽と名づけられるのは、この現実の身と心の苦悩よりの完全な解放を意味しているのでありました。

私たちの身も心も安楽にしてこそ、阿弥陀如来は、ほんとうに快楽《けらく》極まりないみ仏となることができるのでありましょう。また、如来が快楽極まりないみ仏になっていられればこそ、私たちはそれを目指すことができるのでありましょう。

㊹ 十方三世《さんぜ》の無量慧《むりょうえ》　おなじく一如《いちにょ》に乗《じょう》じてぞ
二智《にち》円満道平等《えんまんどうびょうどう》　摂化随縁不思議《せっけずいえんふしぎ》なり

浄土の讃嘆をおわられた祖師聖人《そししようにん》は、これから四首の和讃をもって、阿弥陀仏をほめたたえ、そのみ仏に報恩《ほうおん》すべきことを私たちに勧めて四十八首の讃阿弥陀仏偈《さんあみだぶつげ》和讃の結びとされるのであります。

まずこの和讃は、阿弥陀仏がそのまま一切の仏であることを示されました。私たちに御縁のある仏は、釈迦如来をはじめとして、大日如来や薬師如来ぐらいと思っておりますが、十方にたくさんのみ仏がましまし、また、過去久遠《くおん》のむかしより未来永劫《ようごう》にわたって多くのみ仏が出られては、私たちにはたらきかけてくださるのでありました。

「無量慧《むりようえ》」とは、そのみ仏の数が無量であることを教えられたものでありますが、その無量の仏（智慧）がたは、すべて同じく一如《いちによ》（真如のさとり）をさとっていられるというのであります。

「二智円満道平等《ちえんまんどうびようどう》」には、

二智円《にちゑん》はこの娑婆世界《しやばせかい》の智慧《ちゑ》　仏道《ぶちだう》の智慧《ちゑ》　皆《みな》さとりたまふこと平等《びやうどう》なり（高田本）

の説明がありますので、十方三世の仏がたのすべてが一如をさとっている智慧と、現実に苦悩する娑婆世界のことを知る智慧とを平等にさとっていられることをいわれることがわかります。

真実をさとれば虚仮《こけ》の世界が気にかかり、平等をさとれば差別の現実にかかわる行動となる、それが仏のさとりでありますから、当然のことながら私たちを救済しようと働きかけてこられます。

「摂化随縁《せっけずいえん》」に、

おさめ　化《くえ》すること　縁《えん》にしたがふて（高田本）

の説明をされて、私たちに対する救済、その相手にもっともふさわしい救いの方法をとられますので、私たちには不可思議というよりほかないのであります。

釈迦如来は、八万四千といわれるほど仏になる道をたくさんお説きになりましたが、悪人の私には阿弥陀如来の本願によりかかるよりほかに、私が仏になりゆく道はないと教えてくださいました。

㊺　**弥陀の浄土に帰《き》しぬれば　すなはち諸仏に帰《き》するなり**
一心《いっしん》をもちて一仏《いちぶつ》を　ほむるは無碍人《むげにん》をほむるなり

なぜ祖師が、一仏《いちぶつ》がそのまま一切仏《いっさいぶつ》かを前の和讃で讃嘆されたのかといえば、阿弥陀仏に帰依《きえ》することがそのまま十方三世の仏がたに帰依することになると言わんがためであったようであります。

私たちが、いま釈迦如来の教えのままに阿弥陀仏に信順して弥陀の浄土に帰入することが、そのまま仏がたに帰依し、仏がたの国に帰入することになると教えられます。

それを気づかず、自分の宗派や祖師に偏執《へんしゅう》して、同じ仏教のなかで他の教えを邪教《じゃきょう》呼ばわりしたり、罵《ののし》りあわねばならないとすれば、まことに悲しく、大きなあやまりを犯していることであります。

私たちが釈迦如来の教えのままに阿弥陀仏に一心に帰命して阿弥陀仏一仏を口でほめたてまつることは、十方にましますす仏がたをほめたてまつることになると告げられるのであります。

「無碍人《むげにん》」に、
阿弥陀《あみだ》の法身《ほふしん》の体《たい》なり（高田本）

の説明をつけられたところより窺えば、祖師のお心では、前の和讃とともに、阿弥陀仏と他の仏がたとの分けへだてをされていなかったことが知らされます。

そこには、比叡山二十年の修学《しゅがく》のうちに、たくさんの仏がたに遇われ、そのなかから弥陀一仏によって、生死を出ずる道を恵まれた喜びがあふれているように思われます。

それから法然上人とともに弾圧を受けながら、弥陀一仏にただ念仏して救われてゆく一生涯を生き抜かれたところから窺えば、仏がたの願いが弥陀一仏の信仰であり、ただ念仏がそのまま仏がたを讃嘆したてまつることに一致するという徹底した純粋な信仰生活であられたようであります。

㊻ 信心歓喜慶所聞《しんじんかんぎきょうしょもん》　乃曁一念至心者《ないかいいちねんししんしゃ》
南無不可思議光仏《なもふかしぎこうぶつ》　頭面《ずめん》に礼《らい》したてまつれ

まことに私たちのために親切であられた祖師は、「信心歓喜慶所聞《しんじんかんぎきょうしょもん》」に、

信心《しんじむ》を予《かね》てよろこぶ　得《え》てのちによろこぶなり（高田本）

本願《ほんぐわん》を信《しん》じてよろこぶことなり（顕智本）

と説明されて、阿弥陀仏の本願を信ずることがこの人生において、何よりも急がれ、しかも重要

であることを告げられるのであります。

「予《かね》てよろこぶ」とは、如来を信ずる身になることによって、未来かならず光の世界に生まれられるという喜びの人生に変わり、また「得てのちによろこぶ」とは、信を得たならば、苦悩多き人生に大きな喜びを賜わることになると教えられました。

人生が光の方向に変わるのは、早ければ早いほうがよいし、悲しみ多き人生に崩れることのない喜びを得るのが弥陀信仰であることを知るのも、早ければ早いほうがよいのであると知らされます。

老後の信仰でなく、少年の頃より阿弥陀仏に救われることを知ることによって、偽善の道を歩まず、悪をおかさずして生きられぬ人生を如来にいだかれ、光り輝くよろこびの人生として生き抜く力を与えられるのであります。純真な子どもにこそ、いち早く弥陀の本願を伝えたいのが祖師でありましょう。九歳より二十年のあいだ、まわり道をされた祖師にとって当然の思いであったでしょう。

「乃暨一念至心者《ないかいいちねんししんしゃ》」には、

一念に至《いた》るまで真実《しんじち》なるひとは（顕智本）

という説明がありますが、第十八願成就文の

信心歓喜《しんじんかんぎ》せんこと乃至《ないし》一念《ねん》せん。至心《ししん》に回向《えこう》せしめたまへり。

をうけて讃歌とされた曇鸞大師の『讃阿弥陀仏偈《さんあみだぶつげ》』を

あらゆるもの阿弥陀の徳号《とくごう》を聞《き》きて　信心歓喜《かんぎ》して聞くところを慶《よろこ》ばんこと　乃《いま》し一念《ねん》に曁《およ》ぶまでせん　至心の者《ひとえ》回向《こう》したまへり　生《しょう》ぜんと願ずれは皆往《みなゆ》くを得《え》しむ……

と『教行信証』の信巻《しんかん》で祖師が振り仮名をふって読まれたものと対照していただきますと、阿弥陀仏のみ名による救済を聞くことによって、真実なるひと（至心者）の如来が、私たちに信順するこころも、喜ぶこころもお与えくださることが窺われます。

信じた一念（最初のとき）に、人生の大きな喜びをいただくのでありますから、念仏が口に現われるようになってからというような私たちの口や身体に行動となって現われるまでに、如来に救われていることを示されるのであります。

それは、「私が信じたから」とか、「称《とな》えたから」とか、「如来をありがたいと思う心ができたから」とかというような、私たちの思いや行動が条件になって救いが成立するのではないということを教えられたのであります。

もし、至心者を私たちのこととして、祖師が「真実なるひと」と説明されたとすれば、それは真実なるひと（至心者）としての阿弥陀如来がお与えくださったからにほかならないというので、次に祖師はその如来を南無不可思議光仏《なもふかしぎこうぶつ》と表現し、仏のみ足を頭にいただくというような最敬礼をもって礼拝したてまつりましょうと、私たちに呼びかけられました。

㊼ 仏慧功徳《ぶってくどく》をほめしめて　十方の有縁《うえん》にきかしめん
信心すでにえんひとは　つねに仏恩《ぶっとん》報ずべし

讃阿弥陀仏偈和讃の最後に、阿弥陀如来の大恩《だいおん》に報ずべきことを私たちに勧められて、四十八首の結びとされるのであります。

けれども、恩に報ずることができるのは、「信心すでにえんひとは」の左に、

金剛心《こむがうしむ》のひとは（顕智本）

と説明されますように、他力の信を得ているひとだけであって、少しでも自分の力を役立てよう

としたり、自分のはからいをまじえてゆこうとするひとには、真に報恩しようというこころがないものと知らされます。

私の現実も未来も、現人生も浄土も、如来の大慈大悲によって存在しているという領解《りょうげ》が成立していることによって、つねに仏恩を報じようという決意が湧き上がってくるのであります。

それならば「どのようにして報恩すればよいのでしょうか」と祖師におたずねすれば、それは、

仏慧功徳《ぶってくどく》をほめしめて　十方《ぼう》の有縁《うえん》にきかしめん

であると教えられました。「仏慧功徳」に、

大慈大悲《だいじだいひ》と　功徳《くどく》とを（高田本）

めぐむ　仏《ほとけ》の慈悲《じひ》なり（顕智本）

という説明をされていますから、私たちにたえず降り注がれている如来の大慈大悲《たいじだいひ》と、それからその如来の大慈大悲のすべてをみ名におさめて私の耳に届けられる如来のお徳をほめたてまつって、十方の縁ある人びとに聞かせることであると知らされるのであります。私自身が、如来の呼びたもう大慈大悲の声を聞いて救われたとすれば、至極《しごく》当然の行動でありましょう。つまり祖師の眼は、たえず「十方」に向けられ注がれていたのでありました。私たちは、いつもみずからの

家族や親族のことしか見えていませんが、信を賜わることによって、その視野が自然に広くなることを教えられます。

そして、自分の浅ましいことをほじくり出して、あれこれと伝えるのではなくて、ただ如来のおすくいを讃嘆するばかりであります。しかし、太陽や水の恩恵、親や社会のおかげさえなかなか思わない人間に、おすがたの見えぬ如来の救済を聞かしめ信ぜしめることは、とても困難なことであります。

まず、相手の心が私に対して開かれていなければなりません。私を敵視したり、無視したりであっては、いくら如来のみ名のはたらきを叫んでみても耳に入りません。いくたびも触れあいを重ねて、やっと心の窓が開かれることによって、如来のお慈悲を語ることが可能となります。そして、いつのまにか、その相手の心に如来のおすくいの灯《ともしび》を点ずることができます。

そのために、祖師はなるべく理屈を避けて、いつもやさしく、感情をこめて教えを伝えられました。和讃がそれであります。

已上　四十八首　愚禿親鸞《ぐとくしんらん》作

と最後に記された祖師は、如来の四十八願の大悲を想起されたのでありましょうか。

そして、その四十八願は「ひとえに愚禿親鸞《ぐとくしんらん》一人のためのもの」であり、釈《しゃく》（真の仏弟子）を自覚して生きてゆく人生が開かれていることを、祖師に伝えられた私たちのためのものでもありました。

㊽

尊者阿難座《そんじゃあなんざ》よりたち　世尊《せそん》の威光《いこう》を瞻仰《せんごう》し
生希有心《しょうけうしん》とおどろかし　未曾見《みぞうけん》とぞあやしみし
如来《にょらい》の光瑞希有《こうずいけう》にして　阿難《あなん》はなはだこゝろよく
如是之義《にょぜしぎ》ととへりしに　出世《しゅつせ》の本意《ほんに》あらはせり

讃阿弥陀仏偈和讃《さんあみだぶつげわさん》につづいて、

浄土和讃《じゃうどわさん》　愚禿親鸞作　大経意《だいきゃうのこころ》　二十二首

と書いて、『大無量寿経《だいむりょうじゅきょう》』の序を讃嘆する和讃をあらわされた祖師でありました。

長いお経であるとともに、真実の教えと仰がれる『大無量寿経』を、わずか二十二首をもって和讃されるのでありますから、おのずから、短い言葉のなかに、その肝要《かんよう》な教えを表現して私たちに伝えようとされたのであります。

これからの四首の和讃は、『大無量寿経』の発起序《ほっきじょ》をあらわされるのでありますが、まず釈迦如来につねにつき従って、記憶確かに教法《きょうぼう》をしっかりと伝えてくだされた阿難尊者《あなんそんじゃ》の問いをおこすことが讃嘆されてあります。

阿難は、私たちに代わって疑問をおこすことによって、釈迦如来は出世の本意をあらわされることとなりました。「出世《しゅっせ》の本意《ほんに》」の左に、

仏《ほとけ》の世《よ》に出《い》でたまふとなり（文明本）

世《よ》に出《い》でたまふなり　弥陀《みだ》の智願《ちぐわん》を説《と》かんがためなり（顕智本）

という説明をされた祖師にしてみれば、ご自分が霊鷲山《りょうじゅせん》の説法の会座《えざ》に坐っていられたかのごとく、喜びをもって阿難の問いを讃嘆されました。

釈迦如来のいとこでありながら、出家して従順な仏弟子となられた阿難は、毎日の世尊のお顔の色を見て、その師の健康と心とをたえず案じ見守っていたのでありましょう。

それなればこそ、如来の光瑞希有《こうずいけう》を目ざとく見つけ、お顔やおすがたの不思議な光と輝きを見

郵便はがき

恐れ入りますが
郵便切手を
お貼りください

5 4 3 0 0 6 2

大阪市天王寺区逢阪二の三の二

（受取人）

東方出版 愛読者係 行

〒

●ご住所

TEL

●ご氏名《ふりがな》

FAX

●**購入申込書**（小社へ直接ご注文の場合は送料が必要です）

書名	本体価格	部数
書名	本体価格	部数

ご指定書店名	取次	
住所		

愛読者カード

●ご購読ありがとうございます。このハガキにご記入いただきました個人情報は、ご愛読者名簿として長く保存し、またご注文品の配送、確認のための連絡、小社の出版案内のために使用し、他の目的のための利用はいたしません。

●お買上いただいた書籍名

●お買上書店名

県　郡 市　書店

●お買い求めの動機（○をおつけください）

1. 新聞・雑誌広告（　　）　2. 新聞・雑誌記事（　　）

3. 内容見本を見て　4. 書店で見て

5. ネットで見て（　　）　6. 人にすすめられて

7. 執筆者に関心があるから　8. タイトルに関心があるから

9. その他（　　）

●ご自身のことを少し教えてください

ご職業　年齢　歳　男・女

ご購読の新聞・雑誌名

メールアドレス（Eメールによる新刊案内をご希望の方はご記入ください）

通信欄（本書に関するご意見、ご感想、今後出版してほしいテーマ、著者名など）

抜いて、生希有心《しょうけうしん》とか、未曾見《みぞうけん》、如是之義《にょぜしぎ》と驚いては、その理由を問いたてまつる行為となったのでしょう。

「光瑞希有《こうずいけう》」には、

如来《にょらい》の御光《おむひかり》ことによき御《おむ》かたち　希有《けう》にましますとなり（高田本）

「生希有心《しょうけうしん》」に、

まれに有《あ》り難《がた》き心《こころ》といふなり（高田本）

「未曾見《みぞうけん》」に、

未《いま》だむかしもかかる御顔《おむかほ》ばせ見《み》たてまつらず（高田本）

「如是之義《にょぜしぎ》」に、

かくの如《ごと》きの義《ぎ》、いかなる御《おむ》ことと問《とい》たてまつるにとなり（高田本）

と、それぞれ説明を入れられた祖師は、釈迦如来と同じように、阿難の問いが甚《はなは》だ快いものと思われたことであったでしょう。

なぜなら、もし阿難の問いがなければ如来より祖師への救いは、永久に伝えられなかったからであります。私もまた、永遠に暗黒と苦しみの未来をたどるよりほかなかったのであります。

㊾ 大寂　定《だいじやくじよう》にいりたまひ　如来《によらい》の光顔《こうげん》たへにして
阿難《あなん》の恵見《えけん》をみそなはし　問斯恵義《もんしえぎ》とほめたまふ

「大寂　定《だいじやくじよう》にいりたまひ」に、

静《しづ》かに静《しづ》かにましますこと　ことに日頃《ひごろ》にすぐれましましたまふゆへは　ただ阿弥陀《あみだ》の名号《みやうがう》を説きたまはむとて世《よ》に出《い》でましますこと　ことにすぐれ　めでたくましします御《おむ》かたちなり

（高田本）

という、とてもくわしい説明をされた祖師でありました。

いよいよ阿弥陀仏のみ名のすくいを説かんがために、心静かにして阿弥陀仏を念ずる三昧《さんまい》に入られた釈迦如来の光顔《こうげん》を祖師は、

御顔《おむかほ》ばせ御《おむ》かたちなり（高田本）

と説明されています。

生まれおくれて、その説法の会座《えざ》にはおられなかった祖師でありましたが、あたかも釈迦如来

が阿弥陀如来を念じられたように、祖師は、その日の釈迦如来の光顔をおもい、その日の阿難の驚きをはるかに想像されたことでありましょう。

釈迦如来は、ご自分の本意を見事に見抜いた阿難の眼力《がんりき》とその問いをほめたもうたというのであります。「恵見《えけん》」には、

さとり見《み》まいらするを（顕智本）

「問斯恵義《もんしえぎ》」には、

このことを問《と》いまいらせたまふ（顕智本）

の左訓を入れられて、経文をやさしく私たちに理解させようとされました。

私たちもまた、そのときの阿難のように、釈迦如来にみそなわされ、ほめられるような問いをおこすことが、今日はたしてできるでありましょうか。

実は、みずからの周辺にいっぱい問題が横たわり、社会に、世界に、満ちあふれる人びとの苦悩があるのに、わが家族だけを眺めていたのでは、何の問いもおこってこないのであります。

㊿ 如来興世《にょらいこうせ》の本意《ほんい》には　本願真実《ほんがんしんじつ》ひらきてぞ
難値難見《なんちなんけん》とときたまひ　猶霊瑞華《ゆれいずいけ》としめしける

「如来興世《にょらいこうせ》の本意《ほんい》には」の左に、

世《よ》に出《い》でたまふこころはといふ（文明本）

と説明を入れられた祖師は、叡山における天台宗《てんだいしゅう》の僧としての生活では、『妙法蓮華経《みょうほうれんげきょう》』こそが、釈迦如来の世に出られた本意《ほんい》、本懐《ほんかい》と心得ての二十年であったことでありましょう。しかし、法然上人《ほうねんしょうにん》に出会われてからは、その教えのままに『大無量寿経』こそが出世の本懐であるという考えに転向されました。

おそらく『法華経《ほけきょう》』と『大経《だいきょう》』とをよく比べられたこともあったでありましょう。

『法華経』も序品《じょぼん》で、弥勒菩薩《みろくぼさつ》がその日の釈迦如来の不思議を見て、問いをおこし、その理由をたずねますが、世尊《せそん》は黙って答えたまわず、文殊師利菩薩《もんじゅしりぼさつ》が世尊の意を推《お》しはかって

大法《たいほう》の義《ぎ》をのべんと欲《ほっ》するならん。

と代わりに答えています。

ところが『大経』は、阿難に向かって、他のお弟子が推しはかって答えるのではなく、直接、釈迦如来が、

如来は無上《むじょう》の大悲をもって迷《まよ》いの衆生《しゅじょう》を哀《あわ》れみ、世に出て広くいろいろの教えを説くわけは、衆生を救うためにまことの利益《りやく》を恵《めぐ》みたいと思うからである。

と答えられているのであります。

その「まことの利益《りやく》」（真実之利《しんじつしり》）とは、本願真実《ほんがんしんじつ》であり、阿弥陀仏のみ名であるということは、下巻において、弥勒菩薩に対し、

このたび、おみたちが仏に値《お》うて教法《きょうぼう》を聞き、かつまた無量寿仏《むりょうじゅぶつ》の名号《みょうごう》を聞き得《え》たのは、本当に結構なことである。わたしもそれを喜びたい。

と仰せられ、最後の結びに、やはり弥勒菩薩に、

もし、かの仏の名号《みょうごう》のいわれを聞いて信じ喜び、わずか一声《ひとこえ》すれば、この人は大利《だいり》を得て無上の功徳《くどく》を身にそなえるのである。

と仰せられたことなどによって、明らかに知られるのであります。

祖師は、『法華経』の方便品《ほうべんぼん》にも、同じような言葉があることを頭に思い浮べながら、「難値難《なんちなん》見《けん》」に、

まうあひ難《がた》く　見《み》たてまつりがたし（高田本）

「猶霊瑞華《ゆれいずいけ》」に、

優曇樹《うどむじゅ》の華《はな》を霊瑞華《れいずいくゑ》といふ　霊瑞華《れいずいくゑ》の時《とき》あて時《とき》にいまし出《い》づるがごとし　優曇樹《うどむじゅ》は実《み》はつねになれども華《はな》の咲《さ》くこと極《きわ》めて稀《まれ》なるによりて　仏《ほとけ》の世《よ》に出《い》でたまふこと極《きわ》めて稀《まれ》にましますあいだ　譬《たとへ》に引《ひ》かれたり（高田本）

という、まことに親切な説明をされているのであります。

この行間に、『法華経』の行者より『大無量寿経』の念仏者《ねんぶつしゃ》への転入を果たされた喜びがあふれていると、私には思えてなりません。これだけは、二十年どころか一日も法華《ほっけ》の行者として仏をめざして厳しい修学《しゅがく》をやっていない私には、到底うかがい知られぬところであります。ただ私に代わって祖師が転入してくださったのだと仰ぎ上げ、ただその祖師の喜びを共に味わえるよう努めるばかりであります。

㊿ 弥陀《みだ》成仏《じょうぶつ》のこのかたは　いまに十劫《こう》とときたれど
塵点久遠劫《じんでんくおんごう》よりも　ひさしき仏《ぶつ》とみへたまふ

いよいよ『大無量寿経』の本論ともいうべき正宗分《しょうしゅうぶん》の意《こころ》を、これからの十三首の和讃で教えられます。

この和讃は、まず『法華経』の化城喩品《けじょうゆほん》の教説《きょうせつ》を引《ひ》いてきて、阿弥陀仏は十劫このかただけの如来ではなく、久遠《くおん》よりひさしくこの私を救わんとかかりはてていられたことを教えんとされました。

今日でもそうですが、『法華経』には、阿弥陀仏もその浄土も出てくるのに、『法華経』の出世《しゅっせ》本懐《ほんかい》や天台大師《てんだいだいし》以来の教判《きょうはん》に偏執してしまって、釈迦如来を久遠《くおん》の仏と限定し、阿弥陀仏を十劫このかたの仏と見まちがっている人びとが多く存在します。それらの人びとに向かって、叡山で身につけられた『法華経』の上から、その見あやまりを厳しく指摘されているのであります。

もちろん、釈迦仏も久遠の仏でありますが、阿弥陀仏も同じく久遠の仏であることを告げられるのであります。

『大経』では、四十八願を成就して法蔵菩薩《ほうぞうぼさつ》が阿弥陀如来という仏となられてより十劫といういかにも有限に見えるような説き方をされているけれども、法蔵菩薩となって現われるまでのことや、『法華経』の寿量品《じゆりようほん》、化城喩品《けじようゆほん》の教説より類推するならば、やはり「ひさしき仏とみへたまふ」であると仰せられたのであります。

「塵点久遠劫《じんでんくおんごう》」には、

一大三千界を墨《すみ》にして　この墨《すみ》を筆《ふで》の先《さき》にちと付《つ》けて、国《くに》一つにちと付《つ》け、国《くに》一つにちと付《つ》け尽《つく》して　（かの国《くに》をみな塵《ちり》にして―顕智本）　この塵《ちり》の数《かず》を数《かぞ》へ積《つも》りたるを塵点久遠劫《ちんでんくおんごふ》といふなり（高田本）

と化城喩品によって、くわしい説明をされています。

今日もなお釈迦如来と阿弥陀如来の優劣を争い、『法華経』と『大経』の出世本懐を言い争っているとすれば釈迦如来と祖師親鸞の悲歎は如何《いか》ばかりでありましょうか。そんなことよりも、人間のくだらぬ闘争と苦悩に久遠劫《くおんごう》よりこのかた、阿弥陀如来の大悲が注がれていることに思いをいたすべきでありましょう。

㊾ 南無不可思議光仏《なもふかしぎこうぶつ》　饒王仏《ねうおうぶつ》のみもとにて
十方浄土のなかよりぞ　本願選択摂取《ほんがんせんじやくせつしゅ》する

曇鸞大師は『讃阿弥陀仏偈《さんあみだぶつげ》』で、阿弥陀仏の難思光《なんじこう》と無称光《むしょうこう》のはたらきを「南無不可思議光」というみ名で表現されました。

祖師は、このみ名を大切にされ、すでに讃阿弥陀仏偈和讃にも出されるとともに、平素礼拝《らいはい》するご本尊として「南無不可思議光如来」を用いられたようであります。

なぜ不可思議のみ光を放って照らされるのかといえば、それは私のようなとても仏になれようはずのない極重悪人《ごくじゅうあくにん》を、まったく反対の最高の善人としての仏にしようというものであります。

しかし、その不可思議の仏力《ぶつりき》は神懸《かみが》かりになったように、ある日突然、如来の身についたものではなく、やはり因果の理法にしたがって、この私を仏にしようという願いと行動を見事に成就することによって身に備わったものであり、私のところへ活動してくるものとなったのでありました。そのことをあらわすのが、この和讃であります。

顕智本《けんちほん》に「世自在王仏《せじざいおうぶつ》なり」と説明されている饒王仏《にょうおうぶつ》という師仏《しぶつ》について出家され、法蔵と名のる比丘《びく》となった阿弥陀仏であったというところに、きわめて重要なことを告げていられたのでありました。

釈迦如来とよく似ていますが、国王であった法蔵が、出家して道を求められたところに、国王や指導者は、みずからの安泰だけを考えるのではなく、「一切の人びとの生老病死《しょうろうびょうし》の苦しみの根本を抜きたい」という願いをたてて、仏道を求め、必ずよき師を選んで教えを乞い、あやまりなく真実の法を仰ぐべきであるということでありましょう。

まさに、その師は、仏であり、当然のことながら、みずからを利益する心は全くなく、世間の人びとを自在に利益し救済するという師仏でありました。この仏によく似た師にもし出会えたとすれば、それは雨夜《あまよ》の星に譬えられるでありましょう。

その師仏より、仏がたの願いと行動とその結果を百日も千日も生命がけで聞くということを、釈迦如来は十方の浄土とか、二百一十億の仏がたの国を見るという言葉で表現されたのでありましょう。

「選択《せんじゃく》 摂取」に、

えらび　えらぶ　嫌《きら》ふ　摂《せふ》はことにえらび取《と》る意《こころ》なり　取《しゅ》は嫌《きら》ひとる意《こころ》なり（高田本）

という説明をされている祖師は、すぐれているものを選び取り、劣っているものを嫌い捨てるという選択をされて、いよいよ本願を建てられるのであります。

その本願はすべて、現実の人間世界や地獄・餓鬼・畜生の世界を直視して、その苦の根本を抜き去ろうというものでありますから、いつのまにか四十八という大願になってしまいました。

さらに三つの誓いまで重ねておられますが、そこに釈迦如来の私たちに対する願いも重ねられて説かれているとも窺えるのであります。

それより約三千年を経過しているとすれば、当然、生きとし生けるもののさまざまの苦悩や問題が増大していることですから、如来の願いは四十八に止まらず、さらに増補されて願われ、ふくらんでいるにちがいありません。

つまり四十八願は一応の原形で、それより無限に如来の私たちに対する願いは増えつづけ、そしてそれを成就せんという行動は、たえず展開されているはずであります。

「不可思議光仏」と阿弥陀仏が讃嘆されることになったのは、いまだ他の仏がたが思いつかなかった本願をたてられたからであると祖師は見られたようであります。それは、他力の救済法であり、しかもご自分の名を聞かしめて、見事にご自分と同じ最高の仏のさとりを開かせようというものであります。「超世《ちょうせ》の本願」という讃辞が与えられるのは、このゆえであります。

法然上人は、このみ名に如来のあらゆるお徳がおさめられて私たちに与えられるものであるから、それを私の心にいただき口に称《とな》える、ただ念仏の一行《いちぎょう》で仏になることができると教えられました。しかも、阿弥陀仏みずからが、第十七願、第十八願と、私たちが確実に仏になり得る救いの法を選んでくだされたところより、念仏往生の本願（第十八願）を選択摂取されたと喜びにふるえられたのでありました。

如来の選択本願の念仏なるゆえ、念仏禁制の弾圧を蒙《こうむ》って、武士に取り囲まれて、生命を脅かされても、高声念仏《こうしょうねんぶつ》をやめられなかった法然上人でありました。

祖師はこの恩師の忠実な継承者を志して、北越に流されても、関東に赴いても、帰洛されても、あくまで神や呪術や迷信を排して、ただ念仏で生き抜かれたのでありました。

㊿ 無碍光仏《むげこうぶつ》のひかりには　清浄《しょうじょう》歓喜《かんぎ》智慧光《ちえこう》

その徳不可思議にして　十方諸有《しょう》を利益《りやく》せり

如来よりの救い、他力の救いでありますから、四十八願のうちで何よりも重要な誓願《せいがん》は、第十二、第十七、第十八願でありましょう。

この和讃は、第十二願が成就して私たちにはたらきかけてくることを讃嘆されたとも見られます。また次の和讃との連関より第十七願の成就を述べられたものと見ることもできましょう。

「その徳不可思議にして」が何を意味するものであるかによって、その解釈が分かれるのでありますが、阿弥陀如来のみ光を具体的にいえば、私の耳に聞こえてくるみ名でありますから、結局その如来の私へのかかわりが、全く私の理解を許さず不可思議にはたらいて、十方の生きとし生けるもの、諸有《しょう》の世界を利益される、すなわち救済されると教えられるのであります。

「諸有《しょう》」には、『大経』の第十八願成就文の言葉によるものとして、

諸有《しょう》衆生《しゆじやう》といふは二十五の衆生也《しゆじやうなり》（顕智本）

の説明をされ、二十五有と呼ばれる天上界から地獄までの生きとし生けるものであることを表わされます。

前の和讃が「南無不可思議光仏」であるのに対して、この和讃は「無碍光仏《むげこうぶつ》のひかり」と表現されますが、これが帰命尽十方無碍光如来《きみようじんじつぽうむげこうによらい》と仰せられた天親菩薩《てんじんぼさつ》によって、十方世界、二十五有《う》のすべての生きとし生ける者にすくいのはたらきをされている如来のみ光を表現されるのであります。

「無碍光仏《むげこうぶつ》」の左には、

障《さは》ることなき光《ひか》りの如来《によらい》なり　悪業煩悩《あくごふぼむなう》に碍《さ》えられぬにより無碍《むげ》とまふすなり（高田本）

という説明を入れられて、その十方世界、二十五有を照らして、もっとも如来のみ光のはたらきを妨げようとするものは私たちの悪業煩悩であるが、それさえも見事にうち破って私たちを闇より光へと向かわされることを教えられます。

次に、その無碍光の内容を、十二光のなかでも、信心のはたらき、すがた、本質を成就するところの清浄光《しようじようこう》、歓喜光《かんぎこう》、智慧光《ちえこう》の三つにおさめて示されました。

讃阿弥陀仏偈和讃は、曇鸞大師の教えのままに和讃されましたが、ここでは『教行信証』の真《しん》仏土《ぶつど》巻《かん》に引いていられる憬興師《きようごうし》の解釈をもってきて、

貪欲《とむよく》の煩悩《ぼむなう》をたすけ貪欲《とむよく》の罪《つみ》を消《け》さむ料《れう》にして清浄《しやうじやう》歓喜《くわんぎ》と名《な》づく　瞋恚《しんい》の煩悩《ぼむなう》をたすけむ

料《れう》に歓喜《くわんぎ》と名《な》づくるなり　愚痴《ぐち》の煩悩《ぼむなう》をたすけむ料《れう》に智慧《ちゑ》と名《な》づく（高田本）

という説明をされました。

ここに、悪業となって展開する私たちの根本煩悩《こんぼんぼんのう》を自力《じりき》でなかなかうち破り消すことは至難であるけれども、それを完全に消してしまい救済してしまうのが、如来の無碍光のはたらきであることを讃嘆されるのであります。

法然上人は、選択本願を語るところで、阿弥陀仏のみ名には、如来が内に証《さと》っていられるお徳も、光明・説法などの外にはたらきかけてこられるお徳も、すべてのこさずおさめていることを説いておられますが、その無碍の光明の徳が、そのままみ名の徳として、私たちの衆生に流れこみ、降り注いできているのでありました。

㊹ 至心信楽《ししんしんぎよう》　欲生《よくしよう》と　十方諸有《しよう》をすゝめてぞ
不思議の誓願《せいがん》あらはして　真実報土《しんじつほうど》の因とする

「十方諸有《しよう》」に、

諸有《しよう》衆生《しゆじやう》といふは二十五有《う》の衆生《しゆじやう》なり（高田本）

よろづの衆生也《しゆじやうなり》（顕智本）

という説明をされた祖師は、十方世界のあらゆる衆生に、阿弥陀如来みずから至心《ししん》・信楽《しんぎよう》・欲生《よくしよう》という信を勧めてくださることを明らかにされました。

たいていの宗教や信仰の「信心」というのは、人間の側よりおこすものでありますが、如来の他力のすくいに限っては、その如来に対する信順《しんじゆん》の心まで、如来に勧められ、如来より賜わるものであることを、はっきりと示そうとされたのでありました。

その「至心信楽欲生」に、

真実《しんじち》なり　金剛《こむがう》のしん　生《む》まれむとおもふなり（顕智本）

という左訓を入れられるとともに、その上には、

本願のこゝろ　第十八の選択本願なり（文明本）

と頭註《とうちゆう》を入れられて、法然上人の教えをうけて、如来によって私たちの仏になりゆく因を選択された第十八願の意《こころ》をあらわすものが、この和讃であると告げていられます。

どの和讃もすべて重要でありますが、如来の救済を仰いで仏を目指すものにとっては、最も重要な和讃であることが知らされます。

前の和讃の「その徳不可思議にして」をうけて「不思議の誓願《せいがん》あらわして」と仰せられたものと窺えば、如来のみ光とみ名の不思議な救済によって、この私の心に至心《ししん》（真実の心）、信楽《しんぎょう》（金剛の心）、欲生《よくしょう》（浄土に生まれんと思う心）を与えられるというのであります。

過去世《かこせ》のことはわかりませんが、生まれおちてより、虚仮《こけ》にして不浄の心と行動（業）しかおこさなかった私の心に、真実清浄の心が届けられ、死ぬまで疑いやはからいの離れられないこの私に、人生をただ如来にゆだね信順して、如何なる苦難に遭遇しても崩れることのない金剛の信とゆるぎない広大な喜びを恵まれると教えてくださるのであります。

そして、たえず現世《げんぜ》のことしか考えない私の心が、この人生をのりこえて光の世界としての如来の浄土に往《い》き生まれることを願う私とならされ、いつのまにか、その浄土願生《じょうどがんしょう》が、苦しんでいる一切の人びとを完全に救済せんがためであることと知らされるのでありました。

信を賜わることによって、私たちの念仏を称える行為も、いかなる善行《ぜんぎょう》も持つことなく、真実の弥陀の浄土に生まれることができるのであるとあらわされました。

「真実報土《しんじつほうど》の因」の左に、

安楽浄土《あんらくじやうど》に生《む》まるるたねなり（顕智本）

と説明された祖師は、「ただ念仏」の念仏往生《ねんぶつおうじょう》を力説された法然上人のおすすめが、そのまま信心を真実の浄土へ誕生してゆく因とすることを明かされたものである、と領解《りょうげ》されたのでありました。

吉水《よしみず》時代の法《のり》の友が、恩師（法然）上人の日夜称えつづけられた不断念仏の声に驚いて「称えなければ救われない」という自力への道を辿ったとしても、親鸞聖人には、第十八願をこのように明かすことが、恩師上人の真意を解明したことになると思われたのでありましょう。

55 真実信心うるひとは　すなはち定聚《じょうじゅ》のかずにいる
不退のくらゐにいりぬれば　かならず滅度《めつど》にいたらしむ

阿弥陀仏の浄土に生まれるのは、まったく信心のみによることを表わして、前の和讃をうけ、真実信心を賜わることにより必ず真実のさとりを開かせていただけると、その広大な喜びを和讃とされました。

「真実信心」の左に、

至心《しむ》信楽《しんげう》のしんは　信心《しんじむ》は信《しん》なり　真実《しんじち》は至心《しむ》のこゝろなり（高田本）

金剛《こむがう》のしんなり（顕智本）

という説明をつけられ、如来の真実を本質としている信心、如来の煩悩の全く漏れることのない仏智を本質としている信心なるがゆえに、金剛の信であると表わされます。

如来より、この真実にしてこわれることのない金剛の信をいただくことによって、そのとき直ちに正定聚《しょうじょうじゅ》の数《かず》（なかま）に入ることになるという、信心のひとの利益をまず讃嘆されました。

「定聚《じょうじゅ》のかず」の左に、

仏《ほとけ》になるくらゐ也（顕智本）

という説明をされた祖師は、その正定聚が、かならず仏になるのに決定《けってい》した仲間というだけでなく、「不退のくらい」に入るとも、弥勒に等しいとも、如来に等しいとも仰せられて、この現人生に次に仏という五十一位《い》に入らせていただけると喜ばれました。

祖師のように、何とか仏になるめどがほしいと比叡の山で生命がけで修行を励まれた方にとっては、五十一位に入るということは、とても大きな喜びであったことでありましょう。

私は自力の修行二十年という道程を辿っていませんから、そのような祖師の心境を推しはかることはむつかしいのですが、それでもこの苦悩の現人生において不退転《ふたいてん》を得るということは、何とすばらしいことかと思うことぐらいはできるのであります。

祖師は「かならず滅度《めつど》にいたらしむ」の左に、

涅槃《ねちはん》のさとりを開《ひら》くなり（文明本）

と教えられますが、この人生をこえて、必ず煩悩のすべてをなくし、さとりの彼《か》の岸《きし》に渡らせていただけるということは、やはり、すばらしいことであります。なぜなら、祖師のように血のにじむような修学《しゅがく》をしなくても、家庭をもって絶えず煩悩をおこしながら、み教えを聞くことだけで、真実のさとりの境界に生まれさせていただけるとは、こんなうれしいことはないはずであります。

それが少しも喜びにならないとすれば、やはり依然として、この世のことに目的があり、自分のことや家族のことだけに目が向けられて、苦悩している人びとのことが少しも気にかからぬことによるものでありましょう。

祖師が「すなはち定聚《じょうじゅ》のかずにいる　不退《ふたい》のくらゐにいりぬれば」と、現在の自分をよろこび、「かならず滅度にいたらしむ」と、未来の自分をよろこぶことのできたのは、自分や家族の苦悩もさることながら、他の人びとのために必ず行動ができ、かかわることができる身になるという確かな希望があったからでありましょう。

祖師は、和讃だけで止まらず、多くの撰述《せんじゅつ》や弟子たちへの消息《しょうそく》のなかに、「現実に正定聚不退《しょうじょうじゅふたい》にいる」、したがって「必ず滅度にいたる」ということを、どれほどたくさんくり返して強調されたことでありましょうか。

苦悩の旧里《くり》はすてがたく、いまだむまれざる安養《あんにょう》の浄土はこひしからずさふらふ。(『歎異抄』)

と叫びながらも、

いそぎ仏《ぶつ》になりて、大慈《だいじ》大悲心《だいひしん》をもて、おもふがごとく衆生を利益《りやく》する……(『歎異抄』)

という目的を、たえず見失うまいとし、煩悩の激流、生死の大海に浮きつ沈みつしながらも、たえず確認をされてゆかれた祖師であったからでありましょう

㊿ 弥陀《みだ》の大悲《だいひ》ふかければ　仏智《ぶっち》の不思議をあらはして
変成男子《へんじょうなんし》の願《がん》をたて　女人成仏《にょにんじょうぶつ》ちかひたり

「三十五の願のこゝろなり」という頭註をつけられた祖師は、ここで女人成仏《にょにんじょうぶつ》の本願を讃嘆されます。

しかし、「女人成仏の願」とされたのは祖師親鸞であって、他の師は第三十五願を「変成男子《へんじょうなんし》の願《がん》」と呼ぶだけであります。インド以来の男尊女卑の差別観念が漢訳経典や多くの高僧の書物のなかに多く見うけられます。

男も女も、あらゆる人間は、母の胎内に身を宿し、この世に誕生してきたのに、女性を性欲のはけ口か、出産の道具ぐらいに考えて男より下に眺めたり、さらには、女性によって汚されるかのように見てきたのであります。

しかし、この私自身が女性を差別することをまちがっていると思うようになったのは、祖師親鸞の教えに出会ってからであります。

比叡の山を降りたのは、自力修行に落伍したのではなくて、もろびとの救われる道、仏に成りゆく道を求めてのことでありました。つまり、叡山で最低の人間と教えられた女人を、次第に祖師は、ご自分より下に眺めることができなくなったようであります。

そして、女人が救われるならば私も救われるのではなくて、「もしこの親鸞が救われる道があるなら、女人も、いかなる悪人も救われるはずだ」、と思いはじめられたことが、山を降りての六角堂参籠《さんろう》の契機になったようであります。

そして、観音菩薩の夢告《むこく》で、いよいよ目の前に妻として現われる女性こそが、「この親鸞を救済するために化現《けげん》された観音菩薩である」と領解《りょうげ》されたのでありました。

後に妻となられた恵信尼《えしんに》は、夫の親鸞聖人を観音菩薩の化現と仰がれたようですが、この二人の敬愛は、そのまま一対一でお互いに相手の人格を尊びあい、そして犯しあうことによって成立する正式の夫婦として結婚されたのでありました。

そこには、お互いを、みずからの欲望の道具として見ることを、たえず念仏によって否定しつづけるという理想の夫婦像を掲げようとされたかのようでありました。もちろん、祖師は僧として女を抱《いだ》くことが仏の厳しい誡めを無視し破っているという罪の意識（羞恥心《しゅうちしん》）をいだきながらでありました。

釈迦如来は女性の身心と男性のそれとの差異は認められていましたが、差別はされませんでした。それにも拘《かかわ》らず、大乗経典《だいじょうきょうてん》が成立する頃には、女性差別が常識となっていたようであります。

そこで、第十八願だけでは、万一、女性は除かれているのでは……という不安をおこしてはならないということから、特に女性を救済し成仏せしめる本願を第三十五願としておたてになったのであります。

誓願《せいがん》が特別にあることによって、如何に女人に対する差別が根強く、そして長くつづいていたかを窺うことができるというものであります。それとともに、人類（世界中やわが国）に女性差別がある限り、女人救済《にょにんきゅうさい》の如来の願いがかけられていることを知るべきでありましょう。

㊼ 至心発願欲生《ししんほつがんよくしょう》と　十方衆生《しゅじょう》を方便《ほうべん》し
衆善《しゅぜん》の仮門《けもん》ひらきてぞ　現其人前《げんごにんぜん》と願《がん》じける

臨終現前《りんじゆげんぜん》の願《がん》により　釈迦は諸善をことごく
観経《かんぎやう》一部《ぶ》にあらはして　定散諸機《じやうさんしよき》をすゝめける
諸善万行《まんぎやう》ことごく　至心発願せるゆへに
往生《おうじやう》浄土《じやうど》の方便の　善とならぬはなかりけり

「至《し》心《しん》発《ほつ》願《がん》欲《よく》生《しやう》」の頭に、

十九の願の意　諸行往生なり（文明本）

の説明を入れられたように、仏になるためのいろいろの行を励んでは、それを阿弥陀仏の方にふりむけ、浄土に生まれたいと願う者のために、阿弥陀如来は第十九願をおこして、その行者の臨終に浄土より迎えに行って、浄土へ生まれしめようというかかわりをされることを讃嘆されました。

浄土よりはるばると来迎《らいこう》してくださるということを、やはり「至心発願欲生と」の左に、

十九の願《ぐわん》、この願《ぐわん》おば現前導生《げんぜんだうしやう》の願《ぐわん》ということあり　臨終現前《りむじゆげんぜん》の願《ぐわん》ともあり　来迎引接《らいかういんぜふ》の願《ぐわん》

ともあり（高田本）

という説明をされたり、「現其《げんご》人前《にんぜん》と願《がん》じける」と表わしたりされるのであります。

いろいろの仏への善を積み、もろもろの行を修めて浄土に往生しようというこの第十九願のお意《こころ》を、釈迦如来は『観無量寿経』全体にくわしく説いて、心をじっと止《とど》めて落着ける人間や、心がかりに散っていても、悪を廃して善を修めることのできる人間に、浄土往生をおすすめになりました。

もちろん、いろいろの行をいくらたくさん修めても、とてもそれだけでは、阿弥陀仏の浄土に生まれる因とはならないようですが、そのためにこそ阿弥陀仏が第十九の願いをおこし、それを成就されているのでありますから、自力で真実心をおこして励んできた善行を阿弥陀仏にふり向け（回向し）、浄土を願生するならば、すべてそれらの行が、どの行も浄土へ生まれてゆく方便《ほうべん》の善になるとされるのであります。

しかしながら、如来よりの真実・清浄の心をもって励んだ善ではありませんから、後に誡められますように、ただ弥陀の浄土へ生まれたというだけに止まり、真実の浄土、如来も拝見できず、仏としての活動もできないというのであります。

祖師の周辺には、天台宗の沙門《しゃもん》であったり、奈良の寺院の僧であったりしながら、しかも阿弥陀仏の浄土を願生していたひともありましたから、たとい自力にこだわっていても、もろびとを浄土に生まれさせようという如来の大悲心をあらわすために、この三首の和讃をおつくりになったとうかがいます。

㊿58

至心回向欲生《ししんえこうよくしょう》と　十方衆生を方便し
名号《みょうごう》の真門《しんもん》ひらきてぞ　不果遂者《ふかすいしゃ》と願じける

果遂《かすい》の願によりてこそ　釈迦は善本徳本《ぜんぽんとくほん》を
弥陀経《みだきょう》にあらはして　一乗《いちじょう》の機《き》をすゝめける

定散自力《じょうさんじりき》の称名は　果遂《かすい》のちかひに帰《き》してこそ
おしへざれども自然《じねん》に　真如《しんにょ》の門《もん》に転入《てんにゅう》する

やはり、「至《し》心《しん》回《え》向《こう》欲《よく》生《しょう》と」の上に、

二十の願の意なり　自力の念仏を願じたまへり（文明本）

の説明をおかれています。

いろいろな行のなかでも、阿弥陀仏のみ名を一心不乱に称えることが、もっともすぐれた行であるということはわかっているけれども、そのみずからの称えた念仏を阿弥陀仏にふりむけ回向して浄土を願生する人びとに対して、第二十の願をお誓いになり、その自力念仏の人びとも浄土へ生まれさせようという大悲の網をかけられました。

釈迦如来は、その一切の善の根本であり、仏がたのみ名の根本である阿弥陀仏のみ名を称えるという一心不乱の念仏行を『阿《あ》弥《み》陀《だ》経《きょう》』に説きあらわし、浄土に生まれしめようとされたことを讃嘆されたのでありました。

ところで、第二十願は「不《ふ》果《か》遂《すい》者《しゃ》と願じける」でありますが、その左に、

つゐに果《は》たし遂《と》げんとなり（文明本）

果《は》たし遂《と》げむと誓《ちか》ひたまへるなり（高田本）

果《は》たす　遂《と》ぐ　ついに果《は》たし遂《と》げずばとなり（顕智本）

の説明をされていますように、如来みずからが果《は》たし遂《と》げんとお誓いになり、それが成就して如来となっていられるからには、自力で称名念仏《しょうみょうねんぶつ》を励む者は、ことさら教えなくても第二十願の力によって自然に真如の門に転入することになると教えられました。

そして「真如《しんにょ》の門《もん》に転入《てんにゅう》する」の左には、

一乗の機《き》に入《い》る也　法性《ほふしやうしんによ》　真如の門《かど》に転《うつ》り入《い》るなり（顕智本）

法身《ほふしん》のさとりを開《ひら》く身《み》と転《うつ》り入《い》るとまふすなり（高田本）

と説明されて、この現人生で第二十願の自力より第十八願の他力に転入する身となったり、この世で不可能な場合には、未来かならず浄土で真実のさとりをひらく身に転入すると教えられるのであります。

それは、ほかのいろいろの善とちがって、善本《ぜんぽん》・徳本《とくほん》の名号《みょうごう》を口に称えているから、必ずその名号の不可思議力《ふかしぎりき》に気づかされて、自力念仏より他力念仏に転入できると示されるのでありましょう。

祖師自身が、天台宗の堂僧《どうそう》より法然上人の吉水《よしみず》の草庵《そうあん》に転じ、自力成仏道《じりきじょうぶつどう》より他力《たりき》成仏道に帰入するという体験をされたことによって、きわめてあたたかく、そして厳しく誡められるのであります。

⑲ 安楽浄土をねがひつゝ　他力《たりき》の信をえぬひとは
仏智不思議をうたがひて　辺地《へんじ》懈慢《けまん》にとまるなり

第十九・第二十願の意を明かす三首ずつの和讃のあとに、まとめて自力の浄土願生者《じょうどがんしょうしゃ》に呼びかけられました。

いくら自力の行を励んでも、阿弥陀仏の浄土に生まれたいと願わない者は、おそらく仏になることは絶望視されるのでありますが、安楽浄土を願生する者は、如来に第十九・第二十願の本願があることによって、何とか浄土に生まれ、やがては仏に成りうると見られました。

しかし、折角、浄土を願生するからは、如来の仏智不思議を疑うことなく、第十八願の救いのままに他力の信をいただいて、真実の浄土に生まれ、生まれるやすぐ仏に成らしていただける道を選ぶように勧められました。

もし、如来の救済を疑って自力にこだわっているならば、浄土に生まれたとしても、「辺地《へんじ》懈《け》慢《まん》にとまるなり」と、その大きな損失を示されました。その左に、

諸行往生《しよぎやうわうじやう》のひとは懈慢《けまん》におつ
疑惑胎生《ぎわくたいしやう》を辺地《へんぢ》といふ　これ五百歳を経《へ》て報土《ほうど》には参《まい》るなり
これらは億千万《おくせんまん》のとき稀《まれ》に報土《ほうど》へは進《すす》むなり（高田本）

と、『大無量寿経』や『菩薩処胎経《ぼさつしよたいきよう》』などの釈迦如来の誡めによって、かりに浄土に生まれても、真実の浄土へさとり入ることができないとされるのであります。

億千万人のうち、まれに一人が真実の浄土へ進むことができるという厳しい誡めに出会うとき、いかに真実の浄土へ生まれることがむつかしいか、いかに自力の執心《しゆうしん》が簡単にとれてくれないか、ということが、このご親切な左訓で教えられます。

この祖師の誡めがあるにもかかわらず、すべてを如来の願力《がんりき》におまかせして、ただ念仏して浄土を願生する者がいかに少ないかが思い知らされます。それほど、人間は自分の力に魅せられて「他力のすくい」が理解しがたいのでありましょう。

自分では他力の信と思いこんでいても、実はその信を自分の心より建立《こんりゆう》しようとしている場合がよくあります。しかし、他力の信である限り人間の師に印可《いんか》のように与えられるものでもなく、

まして、自分の胸を眺めてあれこれはからって、つくり上げるものでもありません。

「我《わ》が名字《みょうじ》を聞《き》いて」と阿弥陀如来が誓われ、「其《そ》の名号《みょうごう》を聞《き》いて」と釈迦仏がお説きになるように、如来がこの私にどのようにかかわっていられるかをいくたびも聞かせていただくところに、如来より直接めぐまれる信心であることを祖師は親切に教えられたのでありました。

しかし、祖師が「自力《じりき》の善人」と呼んでいられる第十九願や第二十願の行人《ぎょうにん》は、果たして今日どれだけいられることでしょうか。祖師の当時には、吉水の同じ門下にも、また叡山や奈良にもたくさんいられたかも知れませんが、ただいまでは、家族と自分の名利心をうち払って、もろもろの善行や称名念仏行をひとりで励んで弥陀の浄土を願生されているひとは、まったく少なくなっているのではと思われます。

むしろ、自力の善人になれなくて、悪人のままでみずからの力を過信して、如来や祖師にご心配をかけているひとばかりではないかと思います。それらのひとは、とても浄土の辺地懈慢《へんじけまん》の国までも生まれることができず、空しくまよいの世界に流転《るてん》を重ねていくばかりでありましょう。

⑹ 如来《にょらい》の興世《こうせ》にあひがたく　諸仏《しょぶつ》の経道《きょうどう》きゝがたし
菩薩《ぼさつ》の勝法《しょうぼう》きくことも　無量劫《むりょうこう》にもまれらなり
善知識《ぜんじしき》にあふことも　おしふることもまたかたし
よくきくこともかたければ　信ずることもなをかたし

いよいよこれからは『大無量寿経』の結びともいうべき流通分《るずうぶん》のお意《こころ》を和讃にされたものであります。

釈迦如来は、ご自分が入滅《にゅうめつ》ののち、この土に後をうけて現われたもうて人びとを救済されるといわれる弥勒《みろく》菩薩を呼び出されて、まず「如来《にょらい》の興世《こうせ》にあひがたく」と仰せられたというのであります。祖師はその左に、

世《よ》に出《い》でたもうこと難《かた》しとなり（文明本）
仏世《よい》に出《い》でたまふといふなり（顕智本）

と説明されていますが、その弥勒菩薩が五十六億七千万年せねば仏となって世に出られないとい

うのですから、まさにこの世に出られるということは難しいことが思い知らされます。

仏が世に出られない限り、

よろづの仏《ほとけ》の教《おし》へにもあひがたしとなり（高田本）

と左訓されたとおり、「諸仏《しよぶつ》の経道《きようどう》きゝがたし」であります。

菩薩の「勝法《しようぼう》」には、

勝《すぐ》れたる法《ほふ》　勝法《しようぼふ》といふは六度波羅蜜《どはらみち》なり　これらにあふこともわれらはありがたしとなり（高田本）

という説明がありますが、菩薩が仏を目指して励む布施《ふせ》・持戒《じかい》・忍辱《にんにく》・精進《しようじん》・禅定《ぜんじよう》・智慧《ちえ》の六波《ぱ》羅蜜《らみつ》（六度）の行にしても、釈迦仏がおかくれになってから、二千年三千年も経過してくるにしたがって、いろいろと拡大解釈をしたり、勝手気儘《きまま》に人間が頭だけで理解をするために、その尊くすぐれた法が安っぽく思えることになり果てゝました。

まして、釈迦如来が指導されたとおりの菩薩としての行動をとるひとは極めて少なく、ほとんどが偽りの菩薩になり果ててしまったように思われます。

やはり、如来が世に出られて指導されてこそ、世自在王仏《せじざいおうぶつ》と法蔵《ほうぞう》菩薩のように、菩薩の言葉も行動も、尊くすぐれた内容をもち、確実に仏に成ることができるのでありましょう。

釈迦如来は、仏をめざす者にとって大切なのは、善知識《ぜんじしき》（善き師、善き先輩、善き友）に出会うことであると仰せられました。『華厳経』の入法界品《にゅうほっかいぼん》で善財童子《ぜんざいどうじ》が五十三人の善知識を歴訪して教えを乞い、ご指導を仰いだように、善知識を探し求め、それに出会うことは、とてもむつかしいことであると説かれました。

祖師聖人もまた、叡山以来、たくさんの僧と出会い、たくさんの先輩や友をもたれましたが、その教えを仰ぐように私たちに指示されたのは法然上人をはじめとして、聖覚法印《せいかくほういん》、隆寛律師《りゅうかんりつし》など二、三人にすぎませんでした。

そこで、祖師は時代をさかのぼって、国をこえ、七高僧を選ぶとともに、宗派の如何《いかん》を問わず、教えを仰ぐべき先輩や友をえらんで『教行信証』に引いてこられました。

次には、仏法を教えることがいかにむつかしいかを教えられます。世界の学問と異なり、仏をめざす道を教えるのですから、まちがいは許されないのであります。もしあやまったことを教えれば、その教えたひとが責任を負って地獄の責苦《せめく》を受けねばならないとされます。不浄説法《ふじょうせっぽう》が無間地獄《むけんじごく》の業《ごう》であると説かれてあるのを見ますと、いい加減に師を名のれず、いたずらに教えることが恐ろしく思えるはずであります。

そして、仏法は、その師や先輩の教えを聞いて、そこから仏道に出発する教えがほとんどですが、その教えどおりすなおに耳に聞くことがむつかしいとされます。

人間の集中力はきわめて短いそうですから、その短い時間のあいだに重要なことを聞きとることは困難であります。まして、みずからのはからいやうぬぼれをまじえて聞きますともうその教えは耳に入ってくれないのであります。

聞くことがむつかしいのですから、まして、その教えを信ずることは至難であるとされます。第十八願の救いは聞くことがすべてであり、聞くままが信順するすがたとされますが、仏教一般には信《しん》・解《げ》・行《ぎょう》・証《しょう》といわれて、まず教えを聞いて信ずることが肝要とされます。信じ領解《りょうげ》することによって仏をめざす行動が展開するとされるのでありますから、教法に対する疑いの心を除き去ることは甚だむつかしいようです。

根本煩悩として数えられる六大煩悩のなかに疑いが入っており、煩悩に根ざすものである限り、よほど教えをしっかりと聞き、努力して信ずることに心がけねば、疑いの心を払うことはできないとされるのであります。

釈迦如来が『大無量寿経』に説かれたものをやさしく和讃として表現されただけでなく、法然上人に出会って他力の信をいただくまでの来しかたをふりかえりつつ、聞法《もんぼう》することのむつかしかったこと、信ずることのむつかしさをご自分の体験のなかより吐露されたものと窺いたいのであります。

⑥① 一代諸教《しょきょう》の信《しん》よりも　弘願《ぐがん》の信楽《しんぎょう》なをかたし　難中之難《なんちゅうしなん》とときたまひ　無過此難《むかしなん》とのべたまふ

釈迦如来が八十歳で入滅されるまで、一代に説かれた教法《きょうぼう》は八万四千といわれております。わが国には、そのうちの大乗仏教がたくさん伝えられ、ことに京都・奈良を中心にいろいろの宗派がそれぞれの教えを説きひろめられました。

前の和讃では、それらの仏教全体の上より信ずることが甚だむつかしいことを釈迦如来のお言葉の上より仰せられた祖師でありましたが、ここでは、その仏教各宗の信《しん》がむつかしいなかでも、浄土真宗の信がいちばんむつかしいことを言われるのであります。

つまり第十八願の他力の信心は、浄土真宗以外の仏教でいう信心よりもなお一層いただくことがむつかしいといわれるのであります。

『大無量寿経』のお言葉によって「難中之難《なんちゅうしなん》とときたまひ」とおっしゃった左に、

難《かた》きがなかに難《かた》しとなり（文明本）

「無過此難《むかしなん》とのべたまふ」の左に、

これに過《す》ぎて難《かた》きことなしとなり（文明本）

とわかり易く説明されているのであります。

これは釈迦如来が私たちに、他力の信だからといっても、如来の救いを真剣に聞くということがなければ、とても信を得ることがむつかしいと私たちを驚かしていましめられる意味もあると思います。しかしそれよりももっと大切なことは、自力で教法を信ずることよりさらにむつかしいとされることは、それが如来より賜わる信であるからでありましょう。

「弘願《ぐがん》の信楽《しんぎょう》なをかたし」に、

ひろくひろまる　信心《しんじむ》　願《ねが》ふことなほ難《かた》し（高田本）

と説明されますように、如来を信ずる心も、浄土を願生《がんしょう》する心も、もともとない私たちに、耳をそばだてさせて、いつのまにか如来に信順する心をもたせ、いつのまにか人生におけるゆるぎなき喜びと、浄土願生という人生の一大目的を与えて下さるというのですから、まことに釈迦一代のもろもろの教えを信ずる以上にむつかしいことであると仰せられるのであります。

少しでも、私たちのはからいや疑いをまじえているあいだは、他力の信をいただいたとは言えないのでありますが、私たちの汚れた心も、煩悩も毒も混じっていない、それこそ全く純粋な如来の真実心であり清浄心であります。

したがって、自分の力で仏を目指そうと思っているひとには到底信じられない信心であります。後の『阿弥陀経』の和讃には、また「極難信《ごくなんしん》」と讃嘆されますが、釈迦如来は、この私たちになかなか信じられないような、不可思議な如来よりの信心を何とか私たちに伝えようと、いろいろ苦労してお説きくださったのであります。

しかし、七高僧の教えに導かれつつ、その仏意《ぶっい》を汲んで、他力信心によって人生を明るく生き抜かれ、そして光の世界をめざすことを教えられた祖師親鸞のご親切もまた仰がねばなりません。

㊷ 念仏成仏《ねんぶつじょうぶつ》これ真宗《しんしゅう》　万行諸善《まんぎょうしょぜん》これ仮門《けもん》
権実真仮《ごんじつしんけ》をわかずして　自然《じねん》の浄土をえぞしらぬ

　釈迦如来がやはり『大無量寿経』の最後に、未来ご自分のあとを補って仏のさとりを開くことになる弥勒菩薩を相手に、この仏法がやがて滅亡する時がやってくることを告げられました。そういう仏法破滅の時がやってきても、この阿弥陀仏の本願を説きのべる『大無量寿経』は滅びることなく止まって、そのときのもろびとを救う光となるとお説きになっています。

　「真宗」に、
　　真実本願《しんじつほんぐわん》なり（顕智本）

と説明されていますが、阿弥陀仏のみ名を聞いてこれを心にいただき、口に称えるだけで仏になれる第十八願の救いこそが、もろびとが、いかなる時代になっても、すべて仏になりうるという真実の法門であることを簡単に表現していられるのであります。

　いかにたくさんの行や善を長いあいだかかって励んでみても、それは決して如来の真実心や清浄心を持ち得ない自力の行動であり、しかも、ほんの一部の人間しか仏に成り得ないものであるとするならば、「仮門《けもん》」の左に「方便仮門《ほうべんけもん》なり」（顕智本）の説明をされたように、釈迦如来の本意よりはずれた方便の道であり、仏になるための仮りの法門といわねばならないでありましょう。

「権実真仮《ごんじつしんけ》をわかずして」に、

方便《ほうべん》の善《ぜん》と真実《しんじつ》の誓願《せいぐわん》をわかずといふ（顕智本）

と説明をなされているように、その釈迦如来の本意が見抜けず、その真実と方便《ほうべん》（権仮《ごんけ》）の区別をわきまえることができなくて、やがて滅びの日が来る自力の法門にこだわっているとするならば、如来の本願力によって自然に成就されている浄土がなぜ存在するかを知ることができていないひとであると厳しく叱責《しっせき》される祖師でありました。

浄土に生まれると同時に、真実のさとりを開くことができるという自然の浄土を願生してこそ、ほんとうに釈迦如来の教説の真実と方便を見抜いて、その本意のままに確実に仏に成りゆく道に入ったということであると、実際に、二十年間、成仏の全く見込みのない方便仮門の道を辿りつつあった祖師親鸞だけに、この和讃は、きわめてはっきりと厳しい口調で、仏教者の心に迫ってくる和讃であります。

㊸ 聖道権仮《しょうどうごんけ》の方便《ほうべん》に　衆生ひさしくとゞまりて
諸有《しょう》に流転《るてん》の身とぞなる　悲願の一乗《じょう》　帰命《きみょう》せよ

大経和讃の結びとして、聖道門《しょうどうもん》の教えを権仮方便《ごんけほうべん》であるというだけでなく、それを捨てて第十八願の救い（浄土真宗）に帰入するよう勧められるのであります。

ご自分が二十年の長きにわたって修学《しゅがく》してきた天台宗をはじめとして、真言宗や禅宗、奈良仏教の華厳宗《けごんしゅう》や三論宗《さんろんしゅう》、律宗《りつしゅう》、法相宗《ほっそうしゅう》、それから今日の日蓮宗《にちれんしゅう》などの聖道門自力の教えをまず、仮りの教えであり、真実に入る方便の教えであると批判した上で、もし私たちがその教えにこだわって自力で仏を目指すことにかかりはてているならば、この迷いの世界にいつまでも止まり、流転を重ねて、ついにさとりを開き仏になることはないであろうと、まことに激しい言葉で仰せられるのであります。

「流転《るてん》の身《み》とぞなる」には、左に、

さそらふ　うつりうつる（高田本）

という説明を入れておられますが、この人間界でも苦難の一生でありますのに、それより下の畜生より餓鬼《がき》にうつり、人間より地獄にさそらうことが、いつまでも続くとすれば、こんな悲惨なことはないでありましょう。

私たちにはほんのまねごとしかできませんが、五年や十年どころか、二十年もの間、実際に比叡の山で仏をめざして善根を積み、善行を励んでみられた祖師みずからが、その善行を「権仮」「方便」と呼んで、その偽善を見抜かれ、私たちに告げられるのでありました。

天台宗で学び、それによって修行された『法華経』は一乗《いちじょう》の教えであり、皆成仏《かいじょうぶつ》の教えであるとされますが、それは提婆達多品《だいばだったぼん》に登場する八歳の龍女《りゅうにょ》（娑竭羅龍王《しゃからりゅうおう》の娘）のごとく菩提心《ぼだいしん》をおこして、他の人びとを救済しようというような、きわめてわずかな一部の人間が、いくたびも人間に生まれかわり、長いあいだ厳しい修行を重ねたすえ、五十二の菩薩の段階を登りつめて、やっと仏になり得るという一仏乗の教えであります。

ところが、この生を終われば、僧も俗も、もはや人間に生まれ出るという可能性は全くなく（五戒がまもれず、十悪で明け暮れるため）、おそらく地獄しか行くところのない現代の人間にとっては、第十八願という如来の大悲の本願の救いに身をゆだねて、最高のさとりを、次の生で確実に得させていただく誓願一仏乗《せいがんいちぶつじょう》の教えしか、成仏道があり得ないことを、みずからの実際の体験をもとにして告白されるのであります。

私たちは、「悲願の一乗帰命《いちじょうきみょう》せよ」と勧められるこの祖師のご親切な忠告にしたがいし、聖道門に魅力を感じてふたたび流転を重ねぬよう、すなおに一切皆成仏《いっさいかいじょうぶつ》の第十八願のすくいの大船《だいせん》に乗せていただくばかりであります。

64 **恩徳広大釈迦如来《おんどくこうだいしゃかにょらい》　韋提夫人《いだいぶにん》に勅してぞ**
光台現国《こうだいげんごく》のそのなかに　安楽世界をえらばしむ
頻婆娑羅王《びんばしゃらおう》勅せしめ　宿因《しゅういん》その期《ご》をまたずして
仙人殺害《せんにんせつがい》のむくひには　七重《しちじゅう》のむろにとぢられき

祖師は大経和讃《だいきょうわさん》よりはじまる浄土和讃《じょうどわさん》の前に（讃阿弥陀仏偈和讃《さんあみだぶつげわさん》が終ったあとに）、『観無量寿経』の登場人物をすべて書きしるしておられます。

阿弥陀如来《あみだにょらい》
観世音菩薩《かんぜおんぼさつ》
大勢至菩薩《だいせいし》
釈迦牟尼如来《しゃかむに》
富楼那尊者《ふるなそんじゃ》
大目犍連《だいもっけんれん》
阿難尊者《あなん》
頻婆娑羅王《びんばしゃらおう》
韋提夫人《いだいぶにん》
耆婆大臣《ぎばだいじん》
月光大臣《がっこう》
提婆尊者《だいばそんじゃ》
阿闍世王《あじゃせおう》
雨行大臣《うぎょう》
守門者《しゅもんじゃ》

インドのマカダ国の頻婆娑羅王《びんばしゃらおう》には、後継者となるべき子がなかったために、相師《そうし》に占わせ、修行しているある仙人の生命がなくなれば、わが子として宿ることを聞き、あせった王は、権力をもって仙人に死ぬことを命ずるのでありました。

しかし、当然のことにその仙人が拒絶するや、家臣に殺害を命じるのであります。国王として、この国に属するすべてのものは即ち私のものであるという権力によって暴力をふるったのであります。

それによって韋提夫人《いだいぶにん》に宿ったという相師に再び占わせ、生まれて来る子が王に危害を加えることになると聞いて、わが子まで殺害せんとはかったというのです。幸いにも指を傷つけただけで誕生した阿闍世太子《あじゃせたいし》に、このいきさつを話して、謀反《むほん》をおこさせようとそそのかして、釈迦如来の教団を奪いとろうとした提婆《だいば》の悪計は一応、成功しました。阿闍世王は、雨行大臣《うぎょうだいじん》にその真偽を問いつめ、ついに父の王を七重の牢獄に幽閉するに至ったのでありました。

これはひとえに、相師を信用したことと、権力をかさにきて国内の人民を殺害したこと、わが子を殺して始末しようとしたことなどの悪業によって、わが子に幽閉され、ついに殺される結果にたち至ったことを「宿因《しゅういん》その期《ご》をまたずして　仙人殺害《せんにんせつがい》のむくひには……」の和讃で表現された祖師でありました。

王とともにみずからが悪因をまいたことをうっかりしている韋提夫人《いだいぶにん》は、『法華経』を説いていられたという釈迦如来にお願いして、目連《もくれん》や富楼那《ふるな》のお弟子に来ていただくように依頼するのでありましたが、それから、夫人《ぶにん》も阿闍世王に捕えられ、ついに釈迦如来は、説法を中断しておいて、目連や阿難《あなん》を従え夫人《ぶにん》救済のために城中に赴かれたのでありました。

その仏の前で、「過去世《かこせ》に何の罪があって私はこのような悪い子を生んだのでしょうか、世尊はどういう因縁《いんねん》があってあの提婆《だいば》と親属でありましたのか」と、みずからの現世において為してきた悪業に気づかず、愚痴をこぼしうらみ言をいっていた夫人でありました。

しかし、ついに恩徳広大《おんどくこうだい》の釈迦如来のお力で、「光台現国《こうだいげんごく》のそのなか」に、祖師が、

釈迦如来《しゃかにょらい》の御光《おむひかり》の中《なか》に、さまざまの国を現《げん》じたまふなり（高田本）

諸仏《しょぶち》の国《くに》を見《み》せしめたまふ（顕智本）

と説明されるように、さまざまの仏がたの国々のなかより阿弥陀仏の安楽浄土を願生することとなったのであります。

選んだのは、まさしく韋提夫人でありますが、選ばしめたのは釈迦如来の勅命であり、夫人や私たちの救済のために阿弥陀仏の浄土を願生せしめられたと、うかがわれた祖師親鸞でありました。

㊺

阿闍世王《あじやせおう》は瞋怒《しんぬ》して　我母是賊《がもぜぞく》としめしてぞ
無道《むどう》に母を害せんと　つるぎをぬきてむかひける
耆婆月光《ぎばがっこう》ねんごろに　是旃陀羅《ぜせんだら》とはぢしめて
不宜住此《ふぎじゅうし》と奏《そう》してぞ　闍王《しやおう》の逆心《ぎやくしん》いさめける
耆婆大臣《ぎばだいじん》おさへてぞ　却行而退《きやくぎようにたい》せしめつつ
闍王つるぎをすてしめて　韋提《いだい》をみやに禁じける

七重の牢獄の門を守っている者に「父の王はまだ生きておられるか」とたずねた阿闍世王《あじやせおう》は、何とか元気で生きているのは、母の夫人《ぶにん》が自由に牢内に出入りして蜜や飲物を運んでいることと、仏弟子たちが教えを説いていることによると守門者《しゆもんじや》より報告をうけたことによって、釈迦如来をののしるとともに、「我母是賊《がもぜぞく》としめしてぞ」に祖師が、

わが　母《はは》は　これあだなりといふ（高田本）

と説明されるように、自分を生み育ててもらった恩を忘れて、母の夫人を殺害しようとつるぎを抜いて迫ったのでありました。

ここで、釈迦如来に帰依《きえ》していた耆婆《ぎば》大臣と、それから知恵者の月光《がっこう》大臣が必死に諫《いさ》めたのであります。

「不宜住此《ふぎじゅうし》と奏してぞ」に、

ここにとどまるべからずと申《まふ》しけるなり（文明本）

と説明されるように、外道《げどう》に帰依していたといわれる月光大臣は、母を害するような者は四姓《しせい》のカーストにも入れられないチャンダーラー（旃陀羅《せんだら》）のような人間であるから、王族としてここに止まっていただくことはできません、と夫人への殺害を制止するのでありました。

現在ただ今でも、インドで差別をうけているチャンダーラーは、このように最低の人間という例としてよく用いられ、当時より長いあいだ差別をうけ、はずかしめをうけてきたのであります。

『観無量寿経』に出ている月光の言葉を出された祖師のお心は、この和讃以外の、祖師がしいたげられた人びとに対しての言葉と対照して見ることによって、むしろ、この旃陀羅で代表される人間に対しての人間の残酷な差別の事実を、私たちに告げていられたのかも知れません。

月光大臣は、たとい王族であろうとも、それを旃陀羅と同一視するぞという「差別」によって阿闍世を脅迫して逆心《ぎゃくしん》を誡めようとしましたが、もう一人の耆婆《ぎば》大臣は、四姓の階級はもとよりインド古来の身分や階級の差別を否定して平等なる教団を実現して差別や抑圧のない平等なる社会を力説していられた釈迦如来の教えを忠実に仰いでいられたようであります。したがって、王といえども母を殺害する行動をとる場合は、五逆罪《ごぎゃくざい》を犯す犯罪人と見なし、もはや王として仰がずと、剣に手をかけて却行而退《きゃくぎょうにたい》して、阿闍世をおどかしたというのであります。

「却行而退」とは、左に、

しりぞき行《ゆ》かしめき（文明本）

去《さ》り行《ゆ》かしめて退《しり》ぞかすと（顕智本）

と説明されたように、耆婆《ぎば》みずからあとしざりしたとも見られるし、耆婆の剣幕に阿闍世が恐れて退いたとも見られるのであります。

とにかく、ここに阿闍世王は剣を捨てて殺害を思い止まり、母を王宮の奥深く閉じこめ、戒めたのでありました。「禁じける」に、

いましめしなり（文明本）

うちにいましむるといふ（顕智本）

と説明された祖師は、知る由《よし》もなかったのですが、今もインドには王舎城《おうしゃじょう》のあとと、この大王や韋提希夫人が幽閉《ゆうへい》されたあとが遺《のこ》っているのであります。

子が親を殺し、親がわが子に殺され閉じこめられるという悲劇が今も昔も変わらず存在するという、親子関係、人間関係の苦悩を生《な》ま生《な》ましく私たちに教えられた祖師でありました。

㊁
弥陀釈迦《みだしやか》方便《ほうべん》して　阿難目連富楼那韋提《あなんもくれんふるないだい》
達多闍王頻婆娑羅《だつたしやおうびんばしやら》　耆婆月光行雨等《ぎばがつこうぎようとう》
大聖《だいしよう》おの〳〵もろともに　凡愚底下《ぼんぐていげ》のつみびとを
逆悪《ぎやくあく》もらさぬ誓願《せいがん》に　方便引入《ほうべんいんにゆう》せしめけり

歴史上の事実といわれるこの王舎城《おうしやじよう》での悲劇を『観無量寿経』や『涅槃経《ねはんぎよう》』、それから善導《ぜんどう》大師《たいし》の『序分義《じよぶんぎ》』などで、くわしくお知りになった祖師は、それを単なる客観的な歴史上の一事件とは見られなかったようであります。

ここにもう一度、この事件に登場する人物の名をすべて列挙して、これらの人びとが「大聖《だいしょう》」であると呼称《こしょう》されました。

そして、この事件は、釈迦如来と、それから、その背後にあって、釈迦如来に説かしめている阿弥陀如来が、巧みな方便（てだて）をめぐらしてくださって、親鸞をはじめとする凡愚底下《ぼんぐていげ》のつみびとや、それらの人びとの逆悪《ぎゃくあく》をもらさず救済しようという大悲の誓願に導き入れてくださることとなったと讃仰《さんごう》されるのであります。

もちろん、釈迦如来や阿弥陀如来が直接かかわって、わざとこのような悲惨な事件をひきおこされたのではありませんが、人民やわが子を殺そうとした頻婆娑羅王《びんばしゃらおう》や韋提希夫人《いだいけぶにん》と、その親を殺害しようとした阿闍世王《あじゃせおう》や提婆《だいば》、それから殺害を思い止まらせようとはいいながらも旃陀羅《せんだら》を差別する言葉を吐いたという月光大臣《がっこうだいじん》たちと、みずからとが同じ場にあると考えることができますと（他者やわが子を殺そう、親を殺そう、人間を差別しようという心が私にもあると気づきますと）、この親鸞、この私を漏らさず救い上げようとかかわっていられる釈迦《しゃか》・弥陀《みだ》二尊のおはからいであったと仰ぐことができるでありましょう。

「おの〳〵もろともに」とあるところよりすれば、祖師の仰せられた「大聖」とは、大聖釈迦如来のこととするよりも、王舎城の悲劇に登場した人物（阿難《あなん》、目連《もくれん》、富楼那《ふるな》、韋提《いだい》、達多《だった》、闍王《しゃおう》、頻婆娑羅《びんばしゃら》、耆婆《ぎば》、月光《がっこう》、行雨《ぎょうう》、守門者《しゅもんじゃ》）のすべてを指されたものと思われます。かりに仏弟子や人間の姿に身を現わして、私たちに身をもって「凡愚底下のつみびと」とは何か、「逆悪」とは何かを教えてくださった聖者《しょうじゃ》を意味するものでありましょう。

さらに、「凡愚底下《ぼんぐていげ》のつみびとを」の左に、

われらは大海《だいかい》の底《そこ》に沈《しづ》めるとなり（高田本）

「逆悪」の左に、

逆《ぐゐやく》といふは五逆《ごぐゐやく》なり　悪《あく》は十悪《あく》なり（高田本）

とくわしく説明される祖師でありました。

「われら」は「われわれ」ととることもできますし、「わたくし」ととることもできますから、生死の大海の底に沈んでいるこの親鸞一人、五逆十悪を犯しつつ生きているこの親鸞一人を漏らさず救う誓願ととることもできますし、私たちすべての人間をふくめて凡愚底下のわれわれ、五逆十悪のわれわれを漏らしたまわぬ本願とうけとることもできましょう。

「方便引入《ほうべんいんにゅう》」の左に、

こしらふ　みちびく（顕智本）

の説明まで加えていられる祖師の喜びをうかがえば、私自身、現実の人びとすべてが、釈迦・弥陀二尊にはからわれ、みちびかれて、やがて一人も漏らさず救われてゆく尊さと不思議を思わずにはいられません。

㊼ 釈迦韋提《いだい》方便して　浄土の機縁《きえん》熟すれば　雨行大臣証《うぎょうだいじんしょう》として　闍王《しゃおう》逆悪興《こう》ぜしむ

如来の救済の不思議は、凡夫にはとてもはからうことのできないところであります。それは無限の時間と広大な空間をはるかに超えて永遠に続いてゆくもののようであります。

そのような広大な如来のおはからいに動かされて、私たちはいつのまにか救われ、信をめぐまれ、浄土を願生することとなってゆきます。因果の法則に順《したが》いながら、しかも時にはその因果の理法を超えてはからわれてゆく救済であるようですから、この他力の救済はただ不可思議というよりほかありません。

雨行（行雨）大臣に提婆より教えられた言葉をたしかめ、あるいは守門者に父の王の安否をたしかめ、母の出入りを知って、「逆悪興《こう》ぜしむ」に、

　五逆《ごぐゐやく》こころを興《おこ》すなり（顕智本）

と説明されたように、親を殺害するという逆悪がおこったというのであります。

ところが、この阿闍世の逆害によって、釈迦如来の方便で韋提希夫人《いだいけぶにん》が阿弥陀仏の浄土を願生し、ここに浄土に生まれてゆく法を釈迦如来がくわしく説かれることになったところから、この悲劇がそのまま往生浄土の法が明かされる縁が熟したと見られたのであります。「熟すれば」に、

　熟《う》む　かなふ（高田本）

と左に説明されているところより窺えば、五逆・十悪をおかさずして生きられない私たちにぴったりとかなう如来の救いが、韋提希夫人たちによっていよいよ実証される時節が到来したことを、この王舎城の悲劇のところに見られた祖師であったと知らされるのであります。

もし、阿闍世王や韋提希夫人が、このような事件をおこさなかったとすれば、『大無量寿経』に

説かれた第十八願のすくいによって、生死の大海の底に沈みこんでいるこの私が果たして救われるかどうか、全くわからなかったかも知れないのであります。

㊳ 定散諸機各別《じょうさんしょきかくべつ》の　自力の三心《さんじん》ひるがへし
如来利他《にょらいりた》の信心に　通入《つうにゅう》せんとねがふべし

弥陀の浄土を願生した韋提希夫人のために、釈迦如来は、心を止めて阿弥陀仏の浄土や仏の御《おん》身《み》や坐したもう蓮華の座、それから浄土においでになる観音菩薩や大勢至菩薩を心に想う定善《じょうぜん》十三観《がん》の観想《かんそう》をお説きになりました。

次に心が仮りに散乱したままでも、世間の善や戒律、それから菩提心《ぼだいしん》を発《おこ》すなどの仏への善行をお説きになりました。これを祖師は散善《さんぜん》と呼んでいられます。

そしてこれらを「定散諸機各別《じょうさんしょきかくべつ》の」と仰せられ、その左には、

よろづの衆生《しゅじゃう》　千万《せんまん》なり（顕智本）

の説明を入れていられます。

この定善や散善は、その人その人でその善の程度がすべて異なりますから、各別といい、「千万」といわれるのでありましょう。そしてその行を励むためには、至誠心《しじょうしん》・深心《じんしん》・回向発願心《えこうほつがんしん》の三心をおこしてやらねばならぬと釈迦如来がお説きになりましたが、祖師は今ここでそれを「自力の三心」と呼び、それをひるがえすことを勧められたのであります。

今日、釈迦如来のおすすめのままに自力の善を励んでは弥陀の浄土を願生するひとの影は全くなくなったように見うけられますが、当時は、叡山をはじめ祖師と同じように学んだ法然上人のお弟子がたのなかにも、たくさんそのような人びとがおりましたから、祖師にしてみれば、それがいかにも残念であり、悲しいことであったのであります。

自分だけが独《ひと》りだけ真実の浄土を目指すのではなく、法然上人をはじめ七高僧のかたがたの教えを仰ぎ、釈迦如来の本意を深く窺って「如来利他《にょらいりた》の信心《しんじん》に　通入《つうにゅう》せんとねがふべし」と呼びかけられるのでありました。

「利他の信心に」の左には、

本願《ほんぐわん》真実《しんじち》の信心《しんじむ》なり（文明本）

という説明をしていられますから、阿弥陀如来の第十八願の他力の信心を表現されていることがわかります。

「通入」の左に、

通《かよ》ふ　みちと（高田本）

とつけられた祖師は、自力の三心をひるがえして、第十八願の信心に通い入ることを勧められるのでありました。それがそのまま真実の浄土へ速かに生まれることとなる道だからであると教えられたわけであります。

それは祖師の独断や偏見ではなく、『観無量寿経』の結びである流通分《るずうぶん》に来って、じっと聞いていられた阿難や韋提希に向かって、定善や散善を持《たも》てと勧めるのではなく、阿弥陀如来のみ名を心に口に持つことを勧められたことによられるのであります。

結局、阿難や韋提希夫人、それから私たちに向かって、「汝《なんじ》」を呼びかけられ、阿弥陀仏のみ名を耳に聞き、口に称えることを勧められたということは、釈迦如来の本意が、阿弥陀仏の第十八願の救いにあったことを物語るものでありました。その釈迦如来の御心を汲んで、至誠心・深心・回向発願心の三心をうかがいなおしますと、第十八願の至心《ししん》・信楽《しんぎょう》・欲生《よくしょう》のことであったと気づかされるのであります。

実は、このことを祖師に明らかに伝えたのは、中国の善導大師《ぜんどうだいし》でありますが、その善導大師や法然上人を、もし安置《あんち》しうやうやしく礼拝しながら、この第十八願の三心と、それに一致する『観無量寿経』の三心を、如来より賜わるのであるということが領解《りょうげ》できないとすれば、釈迦如来は悲しみ、善導大師・法然上人も歎かれるのではないでしょうか。

自力の三心は、その人その人で、すべてその深さが異なりますが、如来より賜わる利他の信心はすべてのひとが、同じ深心であり真実心であります。そこに「親鸞は弟子一人ももたず」という心も恵まれ、「四海皆兄弟《しかいみなきょうだい》」という心も溢れ出てくるのでありましょう。

⑲ 十方微塵世界《みじんせかい》の　念仏の衆生をみそなはし
摂取《せっしゅ》してすてざれば　阿弥陀となづけたてまつる

この和讃より五首は、『阿弥陀経《あみだきょう》』のお意《こころ》をおのべになるのであります。

まずこの和讃は、なぜ「阿弥陀仏」と名づけるのかを教えられるものであります。

もちろん、『阿弥陀経』に釈迦如来が「阿弥陀仏」という名の意味するところをくわしく説くのでありますが、それだけに止まらず『観無量寿経』と『阿弥陀経』の上から明らかにされた善導大師のお言葉によって、「念仏の衆生をみそなはし　摂取《せっしゅ》してすてざれば」と示されるのであります。

「微塵《みじん》」に「こまかなるちり」（高田本）と左訓されますように、十方にたくさんある世界のなかの念仏の人びとをじっとご覧になって、その人びとを摂取して捨てることのないみ仏を「阿弥陀仏」と申し上げると告げられました。

そして、その「摂取してすてざれば」の左に、

摂《おさ》め取《と》りたまふとなり（文明本）

摂《おさ》め　取《と》る　一《ひと》たび取《と》りてながく捨《す》てぬなり　摂《せふ》はものの逃《に》ぐるをおわえとるなり　摂《せふ》はおさめとる　取《しゅ》はむかへとる（高田本）

という、まことにご親切で、ありがたい説明を入れておられるのであります。

思えば、祖師は「摂取不捨《せっしゅふしゃ》」という言葉をどれほどたくさん出されたことでしょう。臨終のと

きの来迎《らいこう》を否定された祖師は、息の切れる時ではなく、現人生の真っ只中に如来の救済があることを、私たちに教えようとされたのでありました。

動物たちはみずからの産んだ子を生命がけでまもるというのに、人間はわが子を都合で捨てたり、殺したりします。如来は、私たちがどれほど悪を犯そうとも捨てたもうことはありません。それどころか、如来に背を向けて逃げ去ってゆく私たちを追わえとって、ついに大悲の胸のなかに抱きとってくださるのであります。そしてこの人生のなかへ浄土より迎えにやってこられて、み光のなかに包みこみ、必ずご自分の浄土へつれて帰られるという救済を、今この左訓でわかり易く伝えてくださいました。

それにもかかわらず、如来の御眼《おんめ》でみそなわしていないように思って、煩悩のおもむくままに悪業をなし、たえず如来を足げにし、如来の大悲のふところより逃げ出そうとしている私であります。

『阿弥陀経』では、阿弥陀仏というみ名はこのような私たちの煩悩悪業にも妨げられることなく、私たちの心のなかにみ光をつきとおして見事に悪人凡夫《ぼんぶ》を救済し、未来にご自分と同じ無量《むりょう》寿《じゅ》・無量光《むりょうこう》の仏《ほとけ》のさとりを開かせることをお説きになっているのであります。

それを祖師は、さらに具体的に、より現実的に表現されて、生老病死《しょうろうびょうし》の苦悩に流されつつある現人生のなかにとびこんでこられる阿弥陀仏の他力の救いを表わそうとされたようであります。

⑳ 恒沙塵数《ごうじゃじんじゅ》の如来は　万行《まんぎょう》の少善《しょうぜん》きらひつゝ 名号《みょうごう》不思議《ふしぎ》の信心《しんじん》を　ひとしくひとへにすゝめしむ

釈迦如来は『阿弥陀経』の後半で、ご自分という地上の一仏だけでなく、ガンジス河の砂の数ほど、塵《ちり》の数ほどの他の仏がたもすべて、阿弥陀仏のみ名を聞いて私たちがいただける信心をお勧めになっていることを説いていられるのであります。

つまり、自力であらゆる行で励んで仏になってゆこうという道を「少善根《しょうぜんごん》」とお嫌いになって、阿弥陀如来が第十七願・第十八願などの本願をおこして、そのみ名によって如来の願いと行動を聞くところに、おのずから如来に信順するばかりとなるという、まことに凡夫の思惟をはるかに超えた名号の救いを、たくさんの仏がたが、どの仏もひとしく、しかもひとえにそればかりをおすすめになっていることを祖師は、釈迦如来の意を汲んではっきりと告げられたのでありました。

71 十方恒沙《ごうじゃ》の諸仏は　極難信《ごくなんしん》ののりをとき
五濁悪世《ごじょくあくせ》のためにとて　証誠護念《しょうじょうごねん》せしめたり
諸仏の護念証誠《ごねんしょうじょう》は　悲願成就のゆへなれば
金剛心《こんごうしん》をえんひとは　弥陀の大恩《だいおん》報ずべし

仏から眺められても悪世《あくせ》となり、人間の煩悩の濁りなど五つの濁りがいや増してきますと、なかなか仏のみ教えがすなおに聞かれなくなります。

むかしは、人びとの集会の場所もなく、また娯楽も少なかったために、寺院がよく用いられ、仏のみ教えを聞くことが人びとの楽しみになっていました。ところが今日では、人生の楽しみをほかに求め、み教えを聞いて人生の楽しみを求めるひとは、まったく少なくなってしまいました。

人間をはるかに超えた釈迦仏のみ教えに耳を貸そうとするひとは、インドや中国でも、日本でも、ほとんどなくなってしまい、仏より見れば「外道《げどう》」と呼ばれるような邪教のたぐいが、正しい仏教を制圧してしまっております。

しかも、「仏教による」といいながら、全く釈迦如来の教えからはずれた偽《にせ》の教えが日本でも多くはばをきかしています。

如来より賜わる他力の信は、それこそ純朴な心で、すなおに心を開き、耳を傾けて聞かねばいただけませんから、人間のはからいをまじえたり、功利的な祈願をして人生の幸福を求めようという姿勢では、とても頂戴することは不可能な信心であります。

唐《とう》の玄奘三蔵《げんじょうさんぞう》が訳された『称讃浄土経《しょうさんじょうどきょう》』という『阿弥陀経』の異訳では、そのはからいが多い人間にはなかなかいただき難い信であることを釈迦如来が「極難信《ごくなんしん》」と説かれたと告げていられます。

そのすなおに他力の救いを仰げない人間のために、ガンジス河の砂の数ほどの十方の仏がたは、この阿弥陀仏のみ名を聞いて救われる法をしきりに勧められ、その真実であることを証明されたのであります。

それとともに、他力のすくいを信じて生きている人びとを、何かにつけて、わが宗教、わが信仰に誘いこもうとするのが、他の宗教、他の信仰であります。なぜなら、それら他の宗教、信仰は、他の人びとを勧誘することによってみずからの信心が確立し、困難のなかにみずからの信仰に他のひとを引き入れることによって、信心が強固になるという体質をもっているからでありま す。

まして、自分の信者が多くなればなるほど、教団における地位も上がり、自分の住居も立派になるということになれば、生命がけでわが真宗教団の人びとにさそいかけるはずであります。

善導大師が、他力の信心を「金剛心」と呼ばれたところから、祖師はよくこれを信心のほめことばとして用いられました。

祖師は、「金剛心」に、

つよし　金剛《こむがう》は破《やぶ》れず　爛《ただ》れず　穿《う》げず（高田本）

金剛《こむがう》といふは破《やぶ》れず　爛《ただ》れず　穿《う》げず　やむられず　散《ち》らず　動《うご》かぬこころなり（顕智本）

という説明をされています。ほんとうに他力金剛の信心をいただいていれば、どのような勧誘を外から受けようとも、いかなる逆境や苦難におちこもうとも、むなしく崩れ去る信心ではないと教えられます。

それでも、仏がたは弥陀の救いの真実を証明するだけでなく、そのひとの信が砕けないように護《まも》り念じていられると説かれます。

信心は、私たちの心のなかに賜わり、生活の上にいただくものでありますから、信心を護るということは、仏の思《おぼ》し召《め》しにかなう私たちを外から護ろうというわけであります。

祖師は、この救いに到達するまでの来《こ》し方をふりかえって、そこにたくさんの仏がたのお護りを、喜びの声をあげて讃嘆されたのでありましょう。

私自身が、今ここに他力の救済のなかに安住し、如来にこの人生を委ねて生きていられるとすれば、それもまた仏がたの護念《ごねん》あればこそと、ありがたく仰がずにおれないはずであります。

ところが、その仏がたのおかげを聞かせていただきますと、すぐその仏がたを仏壇のなかにまつりこんで、これを信仰の対象にしようとする心にかられてしまいます。

叡山二十年の祖師の生活は、釈迦如来、薬師如来、阿弥陀如来をはじめとして、『法華経』に登場してくる仏菩薩を安置する堂塔《どうとう》や山谷《さんこく》を回《めぐ》られる毎日であったようです。

しかし、法然上人の教えを蒙り「ただ念仏して」という弥陀一仏の信仰に帰入してからは、仏がたや菩薩がたは阿弥陀仏のお徳を讃嘆する側、証誠護念《しょうじょうごねん》する側にまわして考えられたのであります。

したがって、朝な夕なに祖師が礼拝された本尊は、十字・九字・六字のちがいはあっても、ただ阿弥陀如来一仏のみであられました。ガンジス河の砂の数ほどの十方の仏がたが、阿弥陀仏のみ名による救済を証誠し護念せられるのは、つまり阿弥陀仏の本願が成就したからであると受けとめられたのでありました。

ことに、第十七の願に「十方の無量の仏がたに、わたくしの名を讃嘆してもらって十方の世界に届けてもらいたい」という大悲の誓願を建立された阿弥陀如来でありました。それが如来の長いあいだの行動によって成就したからこそ、そのみ名による救いの誠であることを喜んで証明し、その救いにあずかる私たちを喜んで護念せずにはおれなくなった仏がたであります。金剛の信心を賜わったひとは、その仏がたのおかげを思うなら、その仏がたをそのようにせしめた阿弥陀如来の悲願を思うて、その大恩に報恩の行動をとりましょうとお勧めになられたのであります。

いかに細心の注意を払って、私たちの散乱しやすい心を、弥陀一仏の信仰に向かわせようとされたかという祖師のご親切のほどが知らされるのであります。

⑫ 五濁悪時悪世界《ごじょくあくじあくせかい》　濁悪邪見《じょくあくじゃけん》の衆生には
弥陀の名号あたへてぞ　恒沙《ごうじゃ》の諸仏すゝめたる

釈迦如来は、『阿弥陀経』の最後に、すでに当時のインドが劫濁《こうじょく》・見濁《けんじょく》・煩悩濁《ぼんのうじょく》・衆生濁《しゅじょうじょく》・命濁《みょうじょく》の五つの濁《にご》りに満ちていることを説かれました。そして、その五つの濁りをもった悪い時代、悪い世界で、阿弥陀仏よりの信を説き、それを人びとの心に届けることは、とてもむつかしいことを舎利弗《しゃりほっ》に向かって告白せられました。

国家も社会も個人も、全く仏の思し召しにそむいて煩悩のままに欲望をおこし、思うこと考えることも悪なら、その心のままに行動することも悪であるということを「五濁《ごじょく》」と説き、それを「悪時悪世界《あくじあくせかい》　濁悪邪見《じょくあくじゃけん》の衆生」と表現されました。

自己中心にしか考えられず、行動できない私たちですから、人間を殺し人間をだますことは勿論のこと、仏や仏法や僧の三宝まで身で殺し、口で殺し、意で殺しているのであります。自分の都合で祈り願っては仏に願望を聞かそうと思い、平素は全く仏の教えを聞こうとしないのが人間であります。

したがって、もはや人間の勧めでは耳を貸そうとしない社会や人間になり果てているのですから、ここにガンジス河の砂の数ほどの多くの仏がたが、ありとあらゆる世界で、阿弥陀如来のみ名による悪人救済の救いを勧めずにはおれないのであります。

高田本では「恒沙《ごうじゃ》の信心《しんじん》すゝめたる」という本文になっておりますが、ここに釈迦一仏の勧めによって恵まれる信心だけでなく、恒河（ガンジス河）の砂の数ほどの仏がたのお勧めによって届けられる信でありますから、まことに広大な生きとし生けるものの皆成仏《かいじょうぶつ》の信であることが知らされるのであります。

私たちは幸いにも、歴史上の人物としてインドに出られた釈迦如来のたくさんのご親切な教えによって阿弥陀仏のみ名の救いを知らされるのですから十方の無数にましますす仏がたは側面から、その釈迦仏の勧めにまちがいないことを証明され、そしてその信をめでたくいただいたひとをお護りくださるということを教えられたのでありました。

⑺ 無明《むみょう》の大夜《たいや》をあはれみて　法身《ほっしん》の光輪《こうりん》きはもなく
無碍《むげ》光仏《こうぶつ》としめしてぞ　安養界《あんにょうがい》に影現《ようげん》する

この和讃より「諸経《しょきょう》のこゝろによりて弥陀和讃《みだわさん》　九首」と名づけられた祖師でありました。

釈迦如来は、インドに出られた本意は、実は阿弥陀仏の本願のすくいを説くにあったのでありますから、これまでの和讃で窺ってきたような浄土の三部経だけでなく、ほとんどの経に、阿弥陀仏の本願や浄土、み光やみ名のことを説かれているのであります。

たとえば、大地のどこを掘っても、必ずつき当るものが、大地の底深く脈々と流れている地下水であります。いま阿弥陀仏の本願や浄土も、それのように、いかなる経も、そのお意の底を窺いますと、そこに脈々と流れているものであります。もちろん『法華経』もそのとおりでありますから、『法華経』に偏執《へんしゅう》するのあまり、うっかり阿弥陀仏を軽視したり、弥陀の浄土へ願生することを罵ることができないのであります。

祖師は、比叡山二十年の生活と、念仏弾圧、それから関東の伝道の旅の間に、その偏執の現実を知らされたのでありましょう。この九首の和讃は、ほとんどが他のお経によって造られ、その偏執と阿弥陀仏の救いと浄土を罵ることが如何《いか》にあやまりであるかを誡《いまし》められたものでありました。

まず、この和讃は、釈迦如来が出世《しゅっせ》の本懐《ほんかい》とされた阿弥陀仏のかかわりを讃嘆されます。自分を愛し、自分の信ずる教えのみが正しいとする煩悩を「無明《むみょう》の大夜《たいや》」と表現され、左に、

煩悩《ぼむなう》の王《わう》を無明《むみやう》といふなり　大《おほ》きなる闇《やみ》の夜《よ》（高田本）

という説明をされています。すべてが明らかに見えている、真実がわかっていると思っているけれども、そのままが、煩悩の黒い闇につつまれている私たちであります。

その私たちをあわれみたもうて、阿弥陀如来は十方世界に、何物にも妨げられることのない無碍《むげ》の光をあまねく放つ如来として、身も心も安らかに養われる安養《あんにょう》浄土にましますのであります。四十八願を成就して浄土を完成され、浄土に実在していられる如来を「影現《ようげん》する」という言葉で表現されました。しかしその左に、

現《あら》われたまふ（文明本）
影《かげ》のごとくに現《あら》はるるなり（顕智本）

という説明がありますように、私たち（人間）が「如来がまします」と把握できるような実在ではないので、「影」の字を入れられて、執《と》らわれた人間の把握ではつかめない有りようをされていることを表わされるのであります。

それならば、西方《さいほう》の浄土（安養界《あんにょうがい》）にしかましまさぬのかと思いますと、「法身《ほっしん》の光輪《こうりん》きはもなく」とお示しになり、左に、

法身《ほふしん》はすべて心《こころ》も言葉《ことば》も及《およ》ばぬなり　虚空《こく》に満《み》ちたまへり（高田本）

と、人間の思惟をはるかに超えながら、十方世界のいたるところ、虚空に充ち満ちたもうて、私たちの現実に働きかけていることを教えられました。

「光輪」と表わし、それに「ひかり　めぐる」（高田本）とか「ひかりなり」（文明本）とかの左《さ》訓《くん》をつけられた祖師は、たえず一刻も休みなく私たちを照らしつづける太陽の光のように、私の身や心につきとおってきて私に救いの光を与えつづけていられる無碍光如来であることを、親切に教えられたのであります。

㊹ 久遠実成阿弥陀仏《くおんじつじょう》　五濁《ごじょく》の凡愚をあはれみて
釈迦牟尼仏《しゃかむにぶつ》としめしてぞ　迦耶城《がやじょう》には応現《おうげん》する

歴史的に見れば、釈迦如来が『大無量寿経』などに阿弥陀仏の本願や浄土を説かれたのでありますが、祖師は宗教的な見方をとって、阿弥陀仏が五濁悪世《ごじょくあくせ》の愚かな凡夫《ぼんぶ》を救わんがために、インドに釈迦牟尼仏となって出現されたと見られるのであります。

当時の、『法華経』に偏執するひとや、釈迦如来に偏執するひとは、浄土教の阿弥陀如来の優劣を語って、釈迦如来こそは久遠《くおん》の大昔の本師本仏《ほんしほんぶつ》であるからすぐれており、それに対して阿弥陀如来は十劫の昔よりの仏であるから劣っているとするのでありました。

それは『法華経』の寿量品《じゅりょうぼん》などをよりどころとしての主張でありますが、祖師はその『法華経』の化城喩品《けじょうゆほん》と寿量品の説法の奥底を見通して、釈迦如来が久遠実成《くおんじつじょう》の仏なら、阿弥陀如来も「久遠実成阿弥陀仏」と見られたのでありました。左に、

むかしより　実《まこと》に　阿弥陀《あみだ》と成《な》りたまへるなり（顕智本）

と説明されたのは、ただ言葉の説明だけでなく、久遠の大昔より流転に流転を重ねてきたこの親鸞のほんとうの救いの如来は、阿弥陀如来以外に考えられないという、悪人救済の如来に対する徹底した観察でありました。

その阿弥陀如来が、救済の行動をとって、釈迦如来という歴史上の仏としてインドの仏陀伽耶《ぶだがや》の菩提樹の下に出現されたと見られたのでありました。「迦耶城《がやじやう》」の左に、

浄飯大王《じやうぼむだいわう》の渡《わた》らせたまひしところを迦耶城《がやじやう》といふなり（高田本）

という説明を入れておられますが、マカダ国の都であるガヤの城下に、おさとりを開かれた仏陀《ぶだ》迦耶《がや》があり、八十歳でおかくれになったとはいえ、太子がはっきり釈迦牟尼仏となられたところより「応現する」と仰せられたのでありましょう。

応身《おうじん》とは、私たちを救わんがために、生命《いのち》に限りある地上の仏として現われたもう仏身でありますから、釈迦如来がそのまま阿弥陀如来の私たちへの活動のすがたであると受けとめられた祖師には、釈迦と弥陀とのあいだに優劣を見る心もなく、まして弥陀に偏執して釈迦をないがしろにする意志もなかったようであります。

阿弥陀仏は浄土に影現《ようげん》して十方世界の虚空に満ち、釈迦如来は地上の教主となって、今まさに

経典のなかより私たちに弥陀の救済にあずかるべきであることを勧める声として満ち満ちてくださっているのでありました。

⑺⑸ 百千倶胝《くてい》の劫《こう》をへて　百千倶胝のしたをいだし　したごと無量のこゑをして　弥陀《みだ》をほめんになをつきじ

唐の玄奘法師《げんじょうほうし》は、わが身の危険もかえりみず、十六年の年月を費して中国より長駆インドの仏跡を訪ね、西域《さいいき》十六カ国から六百数部に上る梵文《ぼんぶん》（サンスクリット）の経典を収集し、帰国後、さらに十九年かかってそれを漢訳されたといいます。

当時のインドは、すでに仏教がほとんど姿を消し、仏跡も荒れるにまかせていましたので、玄奘法師は大地を叩いて慟哭《どうこく》されたと伝えられています

その玄奘法師が訳された『称讃浄土経《しょうさんじょうどきょう》』は『阿弥陀経』の異訳として、『阿弥陀経』を補って、重要なことを私たちに教えております。

その経を、この和讃のよりどころとされますが、まず「百千倶胝《くてい》のしたをいだし」の左に、

万億《まんおく》を倶胝《くてい》といふ　倶胝《くてい》といふは天竺《てんぢく》の言葉《ことば》なり（高田本）

と説明して、億のことであると示されます。

「百千」を十万のこととしますと、百千倶胝はその十万倍ということになり、それほど長いあいだの劫《こう》を、阿弥陀仏の讃嘆に費し、それほど沢山の説法の舌を出し、その舌ごとに無量の声を出して阿弥陀仏の徳をほめたたえても、なお尽きることはないというのであります。

それはとりもなおさず、とても救いようがないこの私を見事な仏にするという、不可思議の救済のはたらきをほめたたえられたものと、私にはうけとれます。口先だけで仏を讃嘆しては、その仏の讃嘆でみずからの欲望を満足させているという私に対して、釈迦如来や十方の仏がたは、そのような凡愚、悪人をこそ真っ先に救わんと願い行動されている阿弥陀仏のお徳に舌を巻くばかりであります。そして、仏がたが讃嘆されれば、無量劫かかっても、無量の舌を出しても讃嘆し尽くされることではないとされます。

一方、仏がたが無量劫かかって讃嘆されなければ、無量の生きとし生けるものが完全に救済されないとうかがうこともできましょう。なぜなら、その十方の仏がたの舌から発する阿弥陀仏讃

嘆のみ声を聞いて、仏になる因をいただくのが生きとし生けるものであるからであります。

㊻ 大聖《だいしよう》易往《いおう》とときたまふ　浄土をうたがふ衆生をば
無眼人《むげんにん》とぞなづけたる　無耳人《むにん》とぞのべたまふ

七高僧の道綽禅師《どしやくぜんじ》の『安楽集《あんらくしゆう》』に引かれている『目連所問経《もくれんしよもんぎよう》』によって、浄土を疑っているひと、そしっているひとを厳しく批判された和讃であります。

道綽禅師という人間の師がおっしゃったのではなく、大聖《だいしよう》が易往《いおう》と説きたもうたのであると、まず私たちにお勧めになります。

「大聖易往」の左に、
釈迦《しやか》仏なり　往《ゆ》き易《やす》しとなり（文明本）
という説明をされているように、大聖釈迦牟尼仏が浄土へは往生しやすいとお説きになったというのであります。

それにもかかわらず、その仏説を疑って自力のままで浄土を願生することなく、さらにひどい人間になりますと、その仏説を知らずして、弥陀の浄土へ願生《がんしょう》する人びとを非難して、無間地獄への道であるかのように主張するのであります。

『法華経』などの、みずからの信仰でよりどころとしている経典に偏執して主張するのではありますが、実はその『法華経』にも、弥陀の浄土へ往生する道を説いてあるのですから、まったく眼がありながら見えてない人といわねばなりません。「無眼人《むげんにん》」の左に、

まなこなきひとといふ（文明本）

と説明されますように、目の不自由なひとを譬えに引いてきたのではなくて、釈迦如来の尊い経典を拝見していながら、その文字が見えていないひとを厳しくお叱りになった言葉でありましょう。うっかりしているだけでなく、みずからの偏執の眼で眺めているから、弥陀も浄土も念仏も、目に入ってこないのでありましょう。

さらに、「無耳人《むににん》」とお叱りになり、左に、

みみなきひとといふ（文明本）

と説明されています。仏道の師や先輩の口を通して、『法華経』やその他の釈迦如来の説法を聞き

ながら、みずからの偏執に耳が塞がれて「弥陀の浄土へ生まれよ」という釈迦如来のご親切お勧めが聞こえないひとに対して、まことに厳しくもありがたい祖師のお叱りであります。

天台大師《てんだいだいし》や嘉祥大師《かじょうだいし》などの中国の祖師がたは、それが見え、それが聞こえていましたから、『法華経』や龍樹菩薩《りゅうじゅぼさつ》の論を中心に教学を展開しながらも、『大無量寿経』や『阿弥陀経』をわかり易く解釈して、浄土願生の道を明らかにされました。

しかし、日本の鎌倉時代に入ると、わが国の高僧と呼ばれるいったいどれほどのひとが、釈迦如来の出世の本意にきづき、浄土願生を勧められたでしょうか。

祖師はさらに、この浄土願生を否定する比叡や奈良の高僧たちが、やがて念仏停止《ねんぶつちょうじ》を権力者に迫ったことから、権力者も含めて、これらの僧をすべて「無眼人」「無耳人」と厳しく批判して、念仏の友に告げられたのでありました。

⑰ 無上上《むじょうじょう》は真解脱《しんげだつ》　真解脱は如来なり　真解脱にいたりてぞ　無愛無疑《むあいむぎ》とはあらはるゝ

これからの三首の和讃は、私たちが信をいただくことによって、どのような仏のさとりを開かせていただけるかを、もっぱら『涅槃経』によりながら教えられました。

まずは四相品《しそうぼん》によって「無上上《むじょうじょう》は真解脱《しんげだつ》」と表現し、その左に、

法身《ほふしん》を無上上《むじやうじやう》ともいひ　真解脱《しんげだち》ともいふ（高田本）

と説明されるかと思えば、「真解脱」の左に、

まことにさとり開くなり（文明本）

と説明して、私たちが未来に開くさとりは最高であり、真実のさとりであることを教えられます。

そして、その真実の解脱（さとり）に至るということは、如来になることだとされます。

そして、如来になりほんとうの解脱を開くことによって、「無愛無疑《むあいむぎ》とはあらはる〻」と教えられます。その左に、

欲《よく》もなく疑《うたが》ひもなきことあらわるとなり（高田本）

欲《よく》の心《こころ》なし　疑《うたが》ふ心なしとなり（文明本）

と説明されるのであります。

つまり、ほんとうのさとりを開いて如来になるまでは、欲がなくなることもなく、疑う心のな

くなることもないと告げられるのであります。

「愛」とは愛欲であり貪欲《とんよく》でありましょう。「欲」とはやはり六大（根本）煩悩の一つで、信心に対する疑いではなく、日常の人間関係のなかで、自己を愛するあまり、他のひとの心や行動に不信感をもち、疑いの心をいだくものであります。友人関係だけでなく、親子や兄弟、夫婦のあいだでも疑いをさしはさむのが私たちであります。

この肉体のあるかぎりなくならない煩悩、その煩悩のあるかぎりなくならない疑いの心をうち破って、如来は私たちに信順する心を与えてくださるので、信心のひとは、親子、兄弟、夫婦のあいだに不信感はあっても、如来に対してはいささかの不信感をもち得なくなった人間、ということになります。

如来と私の関係のように、人間と人間の関係においても信じあいたいのが私たちでありますが、それがたえず信じていて裏切られ、信じられていながら他者を裏切って生きているという悲しい動物が、私たち人間なのであります。

祖師は、この世で「如来とひとし」とおっしゃっても、「如来になった」とも、「往生した」とも言われなかったところに、真実のさとりと偽のさとり、如来と凡夫の混乱を見ることなく、如来のみ光に照らし出された現実の人間性をしっかりと把握されていた方でありました。

⑱ 平等心《びょうどうしん》をうるときを　一子地《いっしじ》となづけたり
一子地は仏性《ぶっしょう》なり　安養《あんにょう》にいたりてさとるべし

この和讃も、『涅槃経』の師子吼菩薩品《ししくぼさつぼん》によって、浄土で開かせていただく利他の徳を教えられます。

私たちは、如来のさとりを開くまでは（迷いの世界にいる限り）、わが子、わが孫、わが妻、わが夫、わが兄弟、わが親族、という心に縛られ、そこにおのずと他の人びととのあいだに、わけへだてや差別の心が生じてきます。

ところが浄土で、真実のさとりを開きますと、平等心《びょうどうしん》を得ると教えられます。「平等心をうるときを」の左に、

法身《ほふしん》の心を得《う》る時《とき》となり（高田本）

の説明があります。これは真実の仏のさとり（真如法性《しんにょほっしょう》のさとり）を開くと、差別の心が全くなく、平等の心をいただくといわれるのであります。

それは、どのような平等心かといえば、一子地《いっしじ》という境地をいただくといわれます。その左に、

三界《さんがい》の衆生《しゅじゃう》をわが一人子《ひとりご》と思《おも》ふことを得《う》るを一子地《いっしぢ》といふなり（高田本）

という説明をされていることによって、そのすばらしい仏のさとりの境地が知らされます。

自分の家族以外、わが子以外の人びとをなかなか「わが一人子」と思えない私たちが、迷いの世界で苦しんでいる生きとし生けるものすべてを「わが一人子」と思う心をいただくというのであります。ここに至ってはじめて、完全に他者にかかわり、他者を救済することができるのでありましょう。

この一子地という心をいただくということは、つまり仏の心（仏性）そのものをいただくということであると教えられます。そしてそれは、浄土（安養《あんにょう》）に生まれて、はじめてそういう境地に入らせていただくのであると教えられます。

なぜ、「浄土でのこと」とことわられているのかといえば、仏性とか一子地とかと教えられると、すぐみずからの煩悩《ぼんのう》具足《ぐそく》を忘れて仏になりたがり、仏の境地をこの世にとりこんで弄《もてあそ》ぶ人間が出

てくるからであります。如来のみ光に私の現実を照らし出されますと、ただわが子わが孫のみがかわいく、魔性《ましょう》しかもちあわしていない私であることが知らされるばかりであります。

⑺⑼ **如来すなはち涅槃《ねはん》なり　涅槃《ねはん》を仏性《ぶっしょう》となづけたり**
凡地《ぼんじ》にしてはさとられず　安養《あんにょう》にいたりて証《しょう》すべし

この和讃も、やはり『涅槃経』に依られるのでありますが、まず「如来すなはち涅槃《ねはん》なり」の左に、

如来《にょらい》とまふすは即《すなわ》ち涅槃《ねちはん》とまふすみことなり　涅槃《ねちはん》とまふすは即《すなわ》ちまことの法身《ほふしん》とまふす仏性なり　知《し》るべし　この凡夫《ぼむぶ》はこの世界《せかい》にしてさとらず候へば他力《たりき》をたのみまいらせて安楽《あんらく》浄土《じゃうど》にしてさとるべしとなり（顕智本）

と、まことに詳しい説明をされています。これは、この和讃全体の解説ともうけとれるほど、ご親切な左仮名であります。

やはり、凡夫《ぼんぷ》の世界ではさとることができず、阿弥陀仏の安楽浄土でしかさとることができないとおっしゃるのですから、如来や涅槃はもちろんのことですが、ここで仏性といわれるのは、前の和讃と同様、仏のさとりそのもの、法性真如《ほっしょうしんにょ》の仏心そのものを「仏性」といわれるようであります。

『涅槃経』には「一切の衆生には悉く《ことごと》仏性《ぶっしょう》あり」と説かれているのでありますが、仏になる可能性を意味するような仏性を、ここで言われるのではないようであります。なぜなら、私たちのように煩悩に覆われているような仏性ならば、如来や涅槃と同一にされないからであります。

かりに煩悩に覆われていても、仏の性《しょう》があったり仏心が少しでもあるようならば、その煩悩をなくすように努めるか、煩悩で曇っている仏性を磨き出せば、この世で仏のさとりが開けそうに思われます。

ところが、それを見事に成しとげられたのは釈迦如来だけで、あとのすべての高僧がたは、仏に少し近づくことはできたとしても、仏のさとりをこの世で開いたひとは絶無なのであります。

祖師は比叡の山で、その煩悩を消して仏性を磨き出そうと、実に二十年の長きにわたって努力されましたけれども、この人生ではとても不可能であることをみずから体験されたのでありました。

「われは仏なり」と偽善に酔いしれた人はかなりあったでしょうが、祖師はそのようなごまかしやうぬぼれで一生を終わることなく、真の仏のさとりをめざして、浄土を願生されたのでありました。

そして、凡夫の煩悩の毒のまじった善、虚仮《こけ》の行では、とても如来や涅槃や仏性には、ほど遠いことを私たちに告げられた祖師でありました。

⑳ 信心《しんじん》よろこぶそのひとを　如来《にょらい》とひとしとときたまふ
大信心《だいしんじん》は仏性《ぶっしょう》なり　仏性すなはち如来なり

この和讃は、最初の二句を『華厳経』入法界品《にゅうほっかいぼん》、あとの二句を『涅槃経』師子吼菩薩品《ししくぼさつぼん》によっておつくりになりました。

高田本では、その最初に二句を、

歓喜《くわんぎ》信心無疑者《むぎしゃ》おば　与諸如来等《よしょにょらいとう》ととく

というように、『華厳経』のお言葉そのままで和讃にされているのでありますが、文明本や顕智本では、その意味をとって易しく「信心よろこぶそのひとを　如来とひとしとときたまふ」と表現されました。

もちろん『華厳経』の「信心」や「無疑」は阿弥陀仏より賜わるというような他力の信心ではないと思いますが、祖師は、釈迦如来の本意を汲んで、巧みにその言葉を活用して、他力の信をいただいてこの人生に喜びを得ている人間は、凡夫のままで如来とひとしいと告げられたのでありました。

祖師親鸞の教えの特徴は、何といっても、正定聚《しょうじょうじゅ》や不退転《ふたいてん》を浄土でのこととせず、この苦悩の人生において入らせていただく位《くらい》（五十一位）とされました。

ことに弾圧をうけて苦しむ関東の性信房《しょうしんぼう》や真仏房《しんぶつぼう》たちに向かって、たえず「弥勒仏《みろくぶつ》とひとし」「如来とひとし」と強調され、真の仏弟子として、五十一位の菩薩としての誇りと自覚をもって苦難の人生をきり開くように、京都より手紙に書いて教えられ激励されたのでありました。

それはそのまま、性信房《しょうしんぼう》たちだけに止まらず、私たち一人一人への、浄土からの祖師の激励でありましょう。

さらに、つづいて『涅槃経』によられて、いかほど煩悩の火を鎮《しず》め、心を磨いても、仏性は顕われないけれども、如来より賜わる大信心こそが、仏性として、如来のさとりを開かせる真実の因種《たね》となり可能性となるものであると教えられました。

「大信心は仏性なり」の左に、

われらが弥陀《みだ》の本願《ほんぐわんた》他力《りき》を信《しん》じたるを大信心《だいしんじむ》といふ　無上菩提《むじやうぼだい》に至《いた》るを大信《だいしん》といふなり

（高田本）

という説明をされています。

つまり、この和讃は、煩悩をすべて具えた私たちがみずから如来や大涅槃のさとりを開く仏性を開顕することは不可能であるけれども、如来より真実にして清浄なる大信心を賜わることによって、現人生で、如来とひとしい身にしていただき、やがてこの煩悩にけがれた肉体を捨てることによって、すぐに仏性としての大信心（因）が如来のさとる大涅槃のさとりをいう結果となって顕われると教えられるのであります。

この短い人生を終わるのみで、確実に如来となり大涅槃のさとりを開顕することを知られたとき、その『華厳経』や『涅槃経』にもとづく厳しい修行をしながら来世《らいせ》に全く成仏のめどが立たない叡山や奈良の仏教者のことが気にかかっていた祖師でありました。そしてその人びとが、如来よりの大信心が仏性であるということに、全く耳を貸さぬことが、残念でならなかったことでありましょう。

㊆ 衆生有碍《うげ》のさとりにて　無碍《むげ》の仏智をうたがへば
曾婆羅頻陀羅地獄《ぞうばらびんだらじごく》にて　多劫衆苦《たこうしゅく》にしづむなり

いよいよ諸経によって和讃される結びとして、それらの経につい偏執して、その経の底に脈々と流れている阿弥陀仏の救いに気がつかず、人間の限りある理解や浅い知識でもって如来の無碍《むげ》の仏智を疑うならば、曾婆羅頻陀羅地獄《ぞうばらびんだらじごく》に堕ちて、とても長い間もろもろの苦しみに沈まねばならないと誡められるのであります。

「衆生有碍《うげ》のさとりにて」の左には、

さはりあるさとりにて（高田本）

よろづのこと碍《さ》へらるる意《こころ》なり（文明本）

の説明があります。私たちは、少し学べばいかにも心得ているように錯覚しますが、どれほど学問して物知りになっても、仏より眺めれば、限りある知恵であり、つい我の見解に閉ざされて、わが身の都合のよいようにしか理解できないことを仰せられるのであります。

それに対して如来の仏智は、何物にも妨げられることなく自由自在に私たちをみそなわし、私たちにかかわり、そしていかなる人間にも真実のしあわせを与える智慧であります。

したがって、みずからが日夜拝読する経に執《とら》われたり、みずからの宗教や信仰に執われて、この如来の無碍にして広大な救済を疑うならば、大変な損失を招くことになると誡められるのであります。

疑うだけに止まらず、ついには如来の救済を謗《そし》りおとしめることになりますと、「念仏無間《ねんぶつむけん》」というように、相手を罵り、相手が地獄に堕《お》ちる人間と決めてかかることになります。

ところが、「念仏無間」と相手を地獄に堕ちると決めて叫んでいるひとが、かえってその無間（阿鼻《あび》）地獄よりまだ下の曽婆羅頻陀羅地獄《ぞうばらびんだらじごく》に堕ちることを教えられるのであります。その左に、

無間地獄《むけんぢごく》の衆生《しゆじやう》を見《み》ては　あら楽《たの》しげやと見《み》るなり　仏法《ぶちぼふ》を謗《そし》りたる者《もの》この地獄《ぢごく》に堕《お》ちて八万劫住《まんごふぢゆ》す　大苦悩《だいくなう》を受《う》く（高田本）

と詳しく説明されているものこそ、仏智を疑い謗る者に対しての、祖師親鸞の、まことに厳しく、またありがたい配慮であり誡めであります。

ことさら「念仏を謗り」とか、「弥陀如来の無碍の仏智」とかされていないところより見て、ただ自力のひとに対する誡めとはとれないのであります。

阿弥陀如来の本願を仰いで他力の信をいただこうとしている私たちも、つい祖師の教えや浄土の三部経に偏執して他の経典を謗り、釈迦如来の教説を疑うならば、また同様に、無間地獄を下から眺めて「あら楽しそうだな」という最低の苦しい地獄に、しかもとても長いあいだ堕ちて大苦悩を受けねばならないと、覚悟しておかねばならないのであります。

とにもかくにも、凡夫の浅い見解を捨て、たえずお聖教《しょうぎょう》を拝見しては、み教えを聞いては、如来のさわりなき仏智を仰ぎ上げ、尊び崇《あが》めて、謙虚に生きなければならないことが思い知らされました。

ただ誤解してはならないのは、私たちが疑ったからとして如来が罰を与えて、このような恐ろしい地獄に落とすというようなことではないでしょう。自業自得の道理で、みずからが仏智を疑って最高の善であるみ名のすくいをいただかないことによって、過去よりみずからが造り来《きた》った罪業《ざいごう》の一切と、仏智を疑い謗ったという謗法罪《ほうぼうざい》、五逆罪《ごぎゃくざい》の罪業によって、みずからの行動（業）が招く苦しい結果を迎えねばならないでありましょう。

いまだ、私の眼には見えないといっても、何と恐ろしく、何とあわれで、いたましい未来が待っていることでありましょうか。

㉜ 阿弥陀如来《あみだにょらい》来化《らいけ》して　息災延命《そくさいえんめい》のためにとて
金光明《こんこうみょう》の寿量品《じゅりょうほん》　ときおきたまへるみのりなり

いよいよこの和讃からの十五首は現世利益《げんぜりやく》和讃であります。よく現世祈禱《きとう》と現世利益とが混乱してしまい、「真宗では現世利益がない」と語るひとがありますが、それは大きなあやまりでしょう。

祖師親鸞は、この現人生における救済を力説された方であって、生命《いのち》終わって浄土に生まれることを目的としながらも、現実に苦悩する人生において、如来より信を賜わることによって、如来の大悲のなかに摂《おさ》め取られ、不退の位に入らせていただくことを、もっぱら強調されました。

この和讃で始まる現世利益《げんぜりやく》和讃も、諸経の一つである『金光明経《こんこうみょうきょう》』にほとんどが依りながら、念仏して人生を生き抜くひとに恵まれる自然なる利益《りやく》を讃嘆《さんだん》されたのであります。

もちろん「浄土三部経《じょうどさんぶきょう》」や七高僧のかたがたの教えに依りながら明かしてゆかれるのでありますが、『薬師経《やくしきょう》』『法華経』などとともに「鎮護《ちんご》国家の三部経」といわれてきた『金光明経』が、ただ読誦《どくじゅ》して祈禱することによって、天皇家や権力者の病気平癒《へいゆ》などに利用されてきたことを遺憾に思われた祖師が、その経をふたたび釈迦如来の本意にまで復活させようという目論見《もくろみ》もあって、ここにそれを活用して念仏の人びとに与えられる現人生の利益を開顕《かいけん》されたのでありました。

まず『金光明経』の寿量品《じゅりょうほん》に依られるのでありますが、左に、

四巻《くわん》の経《きやう》なり　これ最勝経《さいしょうきょう》といふなり　十巻《くわん》なり（高田本）

この寿量品《じゆりやうぼむ》は弥陀《みだ》の説《と》きたまへるなり（文明本）

と説明されました。

『金光明』四巻と『金光明最勝王経《さいしょうおうきょう》』十巻などの訳があることを示すとともに、この経の寿量品は、釈迦如来の寿命について妙幢菩薩《みょうどうぼさつ》が疑問をおこしたとき、四方から四仏が現われたも

うて説法されたことを高田本の頭註に、

東方《とうぼう》　薬師《やくし》　南方《なんばう》　華開《くゑがい》　西方《さいはう》に無量寿仏《むりやうじゆぶつ》　北方《ほくはう》に釈迦《しやか》の説《と》きたまふ

と書き表わし、ことに無量寿仏（阿弥陀仏）が説きたもうたことを教えられました。

阿弥陀仏は西方より出現して何を説かれたのかというと、「来化《らいけ》して」の左に、

来《きた》りてあはれみたまふ（文明本）

来《きた》り化《くゑ》したまふ　あわれみたまふなり（顕智本）

と説明するとともに、次の「息災延命《そくさいえんめい》」に、

七難《なん》をとどめ　いのちを延《の》べたまふなり（文明本）

と左訓を入れられて、現実の人びとの寿命を延ばし、人びとの七難を止める法をお説きになったといわれるのであります。

七難を止めるとは一人の人間の貧困や病気や争いを止めるというのではなくて、日月星宿《しようしゆく》や災火や雨水《うすい》、悪風《あくふう》、ひでり、悪賊《あくぞく》などの、いわゆる世界人類や社会の大難《たいなん》を止めるといわれる祖師でありました。

ここに次の和讃と関連しますが、国土人民、多くの人びとの利益こそが祖師の思し召された現

世利益であったことが知らされます。みずからのしあわせのため、生存競争に勝たんがため、みずからと家族のしあわせのみを求める利益とその本質を異にするものが、如来より賜わる現世利益と教えられます。

㊿83 山家《さんげ》の伝教大師《でんぎょうだいし》は　国土人民《こくどにんみん》をあはれみて　七難《なん》消滅の誦文《じゅもん》には　南無阿弥陀仏《なもあみだぶ》をとなふべし

「山家《さんげ》」に「比叡《ひえ》の山《やま》なり」（高田本）の説明を入れておられますが、比叡に日本天台を開かれた伝教大師最澄《さいちょう》は、やはり国土人民《こくどにんみん》をあわれんで、国の宝としての僧を養成しようと山を開いて延暦寺《えんりゃくじ》を建てられました。

やがてこの山より法然《ほうねん》、親鸞《しんらん》をはじめ、日蓮《にちれん》、道元《どうげん》などの鎌倉時代の祖師たちが巣立ってゆくのでありますが、伝教大師の念頭には、つねに日本の国中の人民のしあわせしか考えられなかったようであります。

『法華経』や『金光明経』を読誦する法要《ほうよう》や勤行《ごんぎょう》も、すべて国土人民の七難を消滅せんがためであり、祖師親鸞もこれを承《う》けられて、自分自身のことはさておいて、ただ今苦悩している人びと、国の民百姓《たみひゃくしょう》のために念仏申しなさい祈りなさいと性信房や私たちに告げられました。つまり、自分のしあわせのために祈る現世祈禱《げんぜきとう》は禁じられましたが、他者のしあわせ、国土人民のしあわせのためには「祈る」という言葉を用いられた祖師であります。

「消滅の誦文《じゅもん》」の左には、

消《き》ゆ　滅《ほろ》ぶ　そらに浮《う》かべ読《よ》むを誦《じゅ》といふ（高田本）

という説明をして呪文《じゅもん》に混同しないように注意されるとともに、人びとの災難が消え滅ぶことを念じて経をよみ、念仏を称えた伝教大師は、天皇に向かっても、比叡の僧に対しても、南無阿弥《なもあみ》陀仏《だぶつ》を称えるようにお勧めになったと告げられるのであります。

高田本では、

南無阿弥陀仏ととなえしむ

という本文になっていますから、ただご自分が法要や勤行の際に「阿弥陀仏」「南無無量寿如来」と称えるだけでなく、人びとに実際称えさせられたことをおっしゃるのでありましょう。

ここに真宗の現世利益とは、他の人びとの現実におけるほんとうのしあわせを「利益《りやく》」とするのであると知らされます。したがってこれからの現世利益和讃を、この観点に立って味わってゆかねばと思いました。

㉞ 一切の功徳《くどく》にすぐれたる　南無阿弥陀仏《なもあみだぶ》をとなふれば　三世《さんぜ》の重障《じゅうしょう》みなながら　かならず転じて軽微《きょうみ》なり

祖師は、『金光明経』をはじめとするもろもろの経典を、釈迦如来の本意を汲んでご覧になることによって、それらの経は阿弥陀仏の本願の救いを説くにあるとされました。

そこへ、善導大師や源信和尚、法然上人の教えを仰いで、一切の功徳にすぐれているのが南無阿弥陀仏であり、その六字のみ名に勝る善はあり得ないと領解《りょうげ》されたのでありました。

その最もすぐれた最高の善としてのみ名を頂戴して口に称えるようになれば、過去・現在・未来の三世に造るところの重い罪や障《さわ》りは、すべてさとりの善に転じられてしまうといただかれました。

最も重い罪業は、五逆罪を犯したり、仏の正しい教えを謗るものでありますが、それらを本願の大悲によって成就された如来の智慧であり真実であり、如来のあらゆる徳を海水のようにたたえている六字のみ名の最高善に転じかえてしまうというものであります。

そこには悪だけではなく、世間の道徳の善や自力の善も、すべて六字の最高善に転じかえてしまうといわれるのであります。

「重《おも》き罪《つみ》なり」と左訓をつけられる重障《じゅうしょう》に対照して「軽微《きょうみ》なり」と仰せられ、その左に、

少《すく》くなす　よくなす（高田本）

軽《かろ》くなし　少《すく》くなす　うすくなす（文明本）

と説明されます。

「重い」に対して「軽い」と仰せられているので、実は三世の重い罪障がすべて滅せられることを、大きな利益として語ろうとされたと見られますが、法然上人の教えを窺いますと、過去の悪業によってこの人生の苦難を受けていると考えた中世の人びとに対して、その過去の重罪を消滅していただけることによって現人生に受けるところの苦難を軽くされ、少なくされ、うすくさ

れ、如来にはからわれてよくしていただくことの喜びを告げられているのかも知れないと思えるのであります。

過去世のことについては何も覚えていない私でありますけれども、この世に限って味わってみても、生まれてよりこのかた犯してきた数々の罪業を省みても（もちろん、み仏より眺められる罪業のほんの一部分にしかすぎないでしょうが）、今日ただ今まで、恵まれた人生を歩ませていただけたのは、如来のおかげによって、当然受くべき苦しみ（結果）を軽くしていただいたからであると思わないわけにはいかないのであります。

㊅ 南無阿弥陀仏《なもあみだぶ》をとなふれば　この世の利益《りやく》きはもなし　流転輪回《るてんりんね》のつみきへて　定業中夭《じょうごうちゅうよう》のぞこりぬ

「南無阿弥陀仏《なもあみだぶ》をとなふれば」とは、まじない（呪術《じゅじゅつ》）や陀羅尼《だらに》のように、この六字を称えるだけで、このような利益がいただけるというような意味でないことは、祖師の教えた信心と念仏の関係をいただけば、すぐ理解できるところであります。

　如来のみ名を聞いて如来の救いを知らされ、そのすくいの喜びから口からみ名がこぼれ出るようになれば、はやすでにきわもないこの世の利益を賜わっていることを告げられました。

　「現生《げんしょう》に無《む》量《りょう》の徳《とく》をいただく」と仰せられたお言葉もありますが、それは私たち凡夫では窺い知ることのできぬ不可思議にして広大な利益を賜わると教えられるのであります。

　それはただ釈迦如来や七高僧の教えのままに伝えられたのでなく、ご自分の人生の中にそれを実感されて告げられたお言葉であったと思います。

　祖師がいちばん力を入れて強調されたのは、この人生において如来の摂取のみ光に包まれ、不退転の位に入れしめられ、もはや流転輪回《るてんりんね》することなき、光より光への人生に切りかえられたということであったでしょう。

　どれほど子や孫に恵まれ、財産や健康に恵まれていても、それはこのほんに短い人生だけのことで、ひと息《いき》切れればまた流転の身となり、苦しみの世界をそれこそ輪の回るように経《へ》巡《めぐ》らねばならぬことでありますならば、どうして、この人生に大安心を得ることができましょうか。

　現代の人びとと異なり、中世のひとたちは、後生《ごしょう》を一大事と考え、死後の長い時間のことをまず解決してこそ、この人生に心の安定を得ようとされたようであります。

そして、戦乱に巻込まれて死ぬのも、病いにおかされて若死《わかじに》（中夭《ちゅうよう》）するのも、すべて前の世より行動してきた業の結果であるという考えでありましたから、六字の徳によって、その悪業が滅せられることによって、その業の報いも若死も当然なくなるのであるということを利益と考えておりました。

釈迦如来は、そのような前世《ぜんせ》の業《ごう》の報《むく》いによってこの人生のすべてが運命づけられ決定されるというような業の考え方をされなかったのですが、インド古来の考え方がいつのまにか仏教そのものを歪《ゆが》め、釈迦如来の経典まで歪めてしまうこととなりました。

祖師は、その釈迦如来の教えを忠実に継承しようとして、「定《じょう》業中夭《ごうちゅうよう》のぞこりぬ」という言葉でもって、その歪められて宿命、天命を意味することとなった「業《ごう》」より全く解放されて自由になることを表現されたと思えるのであります。

「人生五十年」といわれた当時の定命《じょうみょう》を超えて九十歳まで生き抜かれ、充実した一生を送られた祖師は、まさしくその暗い過去の業報《ごうほう》や中夭《ちゅうよう》より解放された念仏の利益を身をもって示されたひとでありました。

私も、この祖師の喜ばれた念仏の利益をいただいて、業の報いや中夭にとらわれることなく、堂々とみずからの一生涯を充実して生き抜きたく思います。平均寿命を超えて九十歳、百歳と長生きしたいのが、人間の自然な欲望ではありますが、たといそれが、五十歳で終わろうと、六十歳で終わろうと、何ら悔いることなき人生をおえて、このたびは長生不死《ちょうせいふし》の永遠の寿命（無量寿）を賜わる仏となって誕生してゆくことを喜びとしたいと思うのであります。

㊱

南無阿弥陀仏《なもあみだぶ》をとなふれば　梵王帝釈《ぼんのうたいしゃく》帰敬《ききょう》す
諸天善神《しょてんぜんじん》ことごく　よるひるつねにまもるなり
南無阿弥陀仏《なもあみだぶ》をとなふれば　四天大王《してんだいおう》もろともに
よるひるつねにまもりつつ　よろづの悪鬼《あくき》をちかづけず

『金光明経』によって、迷いの世界のきわめて上に君臨し、人間界を下に見おろして、天界を支配する大梵天王《だいぼんてんのう》や帝釈天《たいしゃくてん》、それから持国天《じこくてん》・増長天《ぞうじょうてん》・広目天《こうもくてん》・多聞天《たもんてん》などの四天王をはじめとするもろもろの天の神や善神《ぜんじん》が、念仏のひとを昼夜休むことなく護っていられることを教えられます。

「まもる」ということは、よろずの悪鬼《あくき》悪神《あくじん》を近づけないということでありましょう。それは、ただ古代や中世の人びとにとってのことではなく、現代も、悪鬼悪神のたたり、障《さわ》りを恐れる民衆がはなはだ多いことによって、祖師のご親切は、現代においても相変わらず大きな力を与えてくださるのであります。

最高の善としてのみ名を賜わり、それを口に称えるような人間を大梵天王や帝釈天は敬い、そのひとに帰依《きえ》してくださることを知らされることによって、

国王に向かって、礼拝せず、父母に向かって礼拝せず、六親《しん》につかえず、鬼神《きじん》を礼せず。（『梵網経《ぼんもうきょう》』）

天を拝することを得《え》ざれ、鬼神《きじん》を祠《まつ》ることを得《え》ざれ、吉良日《きちりようにち》を視《み》ることを得ざれ。（『般舟《はんじゅ》三昧経《ざんまいきょう》』）

を『教行信証』に引いて来られた祖師の教えが、よくよく領解《りょうげ》できるはずであります。

㉗

南無阿弥陀仏《なもあみだぶ》をとなふれば　堅牢地祇《じぎ》は尊敬《そんきょう》す
かげとかたちのごとくにて　よるひるつねにまもるなり
南無阿弥陀仏《なもあみだぶ》をとなふれば　難陀跋難大龍《なんだばつなんだいりゅう》等《とう》
無量《むりょう》の龍神尊敬《りゅうじんそんきょう》し　よるひるつねにまもるなり

やはり『金光明経』によって、念仏のひとを地の神やたくさんの龍神《りゅうじん》が尊び敬い、夜昼、影が形につき従うように、護ってくださることを仰せられます。

「堅牢地祇《けんろうじぎ》は尊敬《そんきょう》す」に、

この地《ち》にある神《かみ》　地《ち》より下《した》なる神《かみ》を堅牢地祇《けんろうちぎ》といふ　尊《たうと》み敬《うやま》ふ（高田本）

と説明して、わかり易く教えられました。

もちろん、祖師は経に依られるのでありますから、インドの神をいわれるのでありましょうが、日本の地の神、山の神もそこに含ませていられると窺いますと、家の新築や改築の際に、地鎮祭《じちんさい》をしたり、神式でお祓《はら》いをする必要がなくなるのであります。

龍神どころか、蛇の神をまつりこんで朝夕に礼拝する人びとの姿を、祖師はどれほど悲しく思われたことでしょう。

⑱ **南無阿弥陀仏《なもあみだぶ》をとなふれば　炎魔法王尊敬《えんまほうおうそんきよう》す**
五道の冥官《みようかん》みなともに　よるひるつねにまもるなり
南無阿弥陀仏《なもあみだぶ》をとなふれば　他化天《たけてん》の大魔王《だいまおう》
釈迦牟尼仏《しやかむにぶつ》のみまへにて　まもらんとこそちかひしか

現代人の常識よりすれば、とても信じられない地獄の管理者の炎魔王《えんまおう》も、その臣下で、地獄・餓鬼・畜生・人間・天上の五道の者の罪を裁くといわれる冥官《みようかん》も、みなともに夜昼つねに護ると、やはり『金光明経』によって和讃されます。

中世の人びとは、畜生や人間だけでなく、五道、六道の迷いの世界のすべてが、釈迦如来の教えを聞くことによってすなおに信じられましたから、念仏が称えられる身になると、迷いの世界より解放されるしあわせを得るとともに、もはやその用事がなくなった炎魔王や五道の冥官が、ともに念仏のひとを護るはたらきをせねばならなくなるのであります。

更に、多くの魔の統率者である他化自在天《たけじざいてん》の大魔王は、弥陀のみ名を称える者を護ることを、釈迦如来のみ前で誓ったことであると、『金光明経』の付属品《ふぞくぼん》によって仰せられました。

他化自在天《たけじざいてん》の大魔王と、その配下の魔はかつて釈迦如来の成道《じょうどう》を妨害した者たちでありますが、それが、仏《ぶつ》・法《ぼう》・僧《そう》に帰依し、念仏の生活をする人びとを喜んで護持し養育しましょうと、仏の前で誓約したというのであります。

悪鬼や魔に魅入られることによって病になるとおののき、祟《たた》りをおそれた当時の民衆の心のとらわれや束縛をプッツリと断ち切り、見事にその人びとの人生に心の解放をもたらし、自由を与えたのが、この現世利益和讃の数々でありました。

⑧⑨ 天神地祇《てんじんじぎ》はことごく　善鬼神《ぜんきじん》となづけたり
これらの善神《ぜんじん》みなともに　念仏のひとをまもるなり

願力《がんりき》不思議の信心《しんじん》は　大菩提心《だいぼだいしん》なりければ
天地にみてる悪鬼神《あくきじん》　みなことごとくおそるなり

日本の人びとの心を支配していたのは、やはり日本の神々でありました。もとは死者の霊をおそれたり崇めたりして祀りこんだ大小の神社が都や村々にあり、その神に祈ったり祭りを盛大にして神の心を喜ばせ、そして事あるごとに人間の願いを聞きいれてもらおうとはかった民衆でありました。

祖師親鸞は、善鬼神にしても悪鬼神にしても、それがどのような神なのか、具体的にその名を挙げていられません。釈迦如来やインドや中国の高僧がたが仰せられた神にのみ、「神」を認めていられたのかも知れません。

しかし、祖師自身が、越後や関東の村々や京都で出会った神社は、やはり日本で善神といわれるものを崇め、日本で悪鬼神といわれるものを祀りこんで、しあわせを祈願したり、たたりや災害を封じこめようというものであったことでありましょう。

ところが祖師は法然上人の教えを蒙ってからは、弥陀一仏にただ念仏の信仰に徹底されて、善鬼神を礼拝したり悪鬼神をおそれたりされることがなく、堂々と生き抜かれたのでありました。

しかし、そのために興福寺《こうぶくじ》の貞慶《じょうけい》などが、吉水教団《よしみずきょうだん》の日本の霊神《れいじん》を礼拝しうやまわない失《しつ》を挙げて、権力者にその弾圧を迫り、結局、法然上人とともに国家の罪人とされて流されてしまったのであります。

それでも祖師は、弥陀一仏へのただ念仏の信仰を修正することなく、一生涯は「神を礼拝せず」という姿勢を通されました。私たちのように、権力や暴力に屈して心が動揺したり、たじろいだりということがなかったのであります。

それは、とりもなおさず、如来より賜わっておられた願力不思議の信心であり、真実の信心であり、金剛の大信心であったからでありましょう。

その大信心を「大菩提心《だいぼだいしん》なりければ」と表現されていますが、もうその信が心のなかに与えられれば、その信心は、

弥陀《みだ》の悲願《ひぐわん》を深《ふか》く信《しん》じて仏《ほとけ》にならむと願《ねが》ふ心《こころ》を菩提心《ぼだいしむ》と申《まふ》すなり（『正像末和讃』）

と説明される「願作仏心《がんさぶっしん》」と、

よろづの有情《うじやう》を仏《ほとけ》になさむと思《おも》ふ心《こころ》なりと知《し》るべし（『正像末和讃』）

と説明される「度衆生心《どしゅじょうしん》」とを、その内容とする、大菩提心であることを教えられたのであります。

このすばらしい信をいただけば、今までの自己中心の心が亀裂を生じ、やがて人生の方向や目的が、他者のほんとうのしあわせのために浄土に願生《がんしょう》する心が湧き上がってくるのであるとされます。

そうなると、かりに十二月八日の釈迦如来の成道《じょうどう》のときのように天地にみちみてる悪鬼神や魔がいるとしても、もはや、その大菩提心をいただいて生き抜いている信心のひとを妨げることができなくなるのであります。それどころか、みな悉くおそれをなし、退散せずにおられないとおっしゃる祖師であります。

その信心のよろこびが口にあふれ出て念仏の声となりますが、念仏を称えつつ生き抜いてゆくひとを天や地にいられる善鬼神たちが常に護ってくださると明かされるのであります。

ここに、さまざまの迷信や民族信仰によって縛られた心が解放されて、自由にみずからの人生をのびのびと生き抜く身とならせていただけることを讃嘆されます。『歎異抄《たんにしょう》』第七条の「念仏者は無碍《むげ》の一道《いちどう》なり……」という力強い、明るいお言葉は、まさにこの二首の和讃の内容をその背景とされるものでありました。

⑳ 南無阿弥陀仏《なもあみだぶ》をとなふれば　観音勢至《かんのんせいし》はもろともに
恒沙塵数《ごうじゃじんじゅ》の菩薩と　かげのごとくに身《み》にそへり
無碍光仏《むげこうぶつ》のひかりには　無数《むしゅ》の阿弥陀《あみだ》ましまして
化仏《けぶつ》おのおのことごとく　真実信心《しんじつしんじん》をまもるなり

前の和讃では、迷いの世界の天上や地下の統率者のもろもろの王や善神が、念仏のひとを護ることを教えられたのでありますが、この和讃からは阿弥陀仏の浄土にまします観音菩薩《かんのんぼさつ》や大勢至《だいせいし》菩薩をはじめとする多くの菩薩がたや、阿弥陀仏の分身である化仏《けぶつ》がたが、念仏者を護ることを告げられるのであります。

観音菩薩や勢至菩薩は阿弥陀如来のおそばにいつも居られて、如来の救済をたすけ、浄土に生まれて来る者の先輩として、いろいろ導いてくださる方でありますが、「恒沙塵数《ごうじゃじんじゅ》の菩薩と」に

は、

いさごの数《かず》のごとく　塵《ちり》の数《かず》のごとく（顕智本）

と説明されますように、たくさんの菩薩がたが弥陀の浄土にも、他の仏の世界にもおいでになって、影がいつも身体《からだ》についてくるように離れたまわず、私たちの人生を護っていてくださることを知らされます。

また、阿弥陀如来は、私たちにいつも無碍《むげ》のみ光を放っていられますが、その光のなかにまた無数の阿弥陀仏の分身(化身《けしん》・化仏《けぶつ》）がましまして、それらの化仏がたがすべて、真実信心を護ってくださっていると仰せられます。

高田本の本文は、

化仏おのおの無数《むしゅ》の　光明無量無辺《こうみょうむりょうむへん》なり

となっているのですが、文明本も顕智本も、

化仏《けぶつ》おの〳〵ことぐ〳〵　真実信心《しんじつしんじん》をまもるなり

とされて、私たちの真実信心をまもるためのみ光であり化仏であることを示されているのであります。

ここに私たちは、如来や菩薩がたに何を護っていただくかが知らされます。つまり「南無阿弥陀仏をとなふれば……」といくたびもおっしゃるのは、念仏を称《とな》えたから護るのではなく、如来より真実信心を賜わって念仏が口から称え出る身になっているひとを護ってくださるということであります。

自己中心に生きて恥じるところもなく、他者をかえりみることもなく、ただ欲望のままに生きてゆく人間を護りたもうというのではなく、「真実信心をまもるなり」とあるように、あくまで、真実信心がこわれることなく、妨げられることのないように護りたもうというのであります。

その真実信心を心にいただいて生活しているのが、信心のひとであり念仏者でありますから、そのひとを護るということになりましょう。

真実信心のひとを護るということは、真実信心によって苦難の人生をのり超えて生き抜くという、如来の思し召しにかなうような生活ができたとき、如来や菩薩がたのおまもりをうけるということでありましょう。

たえず私たちをご覧になり、私たちを護りたもうみ仏のかかわりを思うとき、なるべく如来の思し召しにかなう生活ができるよう、たえず真実信心を確認し、み法《のり》を聞きつつ念仏を称えてみずからの生活を省み、如来を仰ぎ上げては慎しみ深く一歩一歩生きてゆかねばならぬと思います。

⑼ 南無阿弥陀仏《なもあみだぶ》をとなふれば　十方無量の諸仏は
百重千重囲繞《ひやくじゆうせんじゆういによう》して　よろこびまもりたまふなり

十五首の現世利益和讃の結びとして、阿弥陀仏や観音・勢至の菩薩がただけでなく、十方世界の無量の仏がたが、喜んで護ってくださっていることを仰せられます。

「浄土三部経」や七高僧の教えによられて仰せられるのでありますが、「百重千重囲繞《ひやくじゆうせんじゆういによう》して」の左に、

あまた　重《かさ》なる　囲《かこ》む　繞《めぐ》る（高田本）

と説明されますように、その無量の仏がたが百重にも千重にも念仏のひとをとりかこみ、そのひとの周辺にめぐりたもうて、喜んで護ってくださるというのであります。

喜び護るというのは、阿弥陀仏のみ名の救いを聞いて真実信心をいただいてみ名を称えるとい

うことが仏がたの本意にかなうからでありましょう。

阿弥陀仏の第十七願のままに、そのみ名を讃嘆《さんだん》することが釈迦如来や十方無量の仏がたの本意である限り、その讃嘆されるみ名を称えて如来の思《おぼ》し召《め》しにかなう生活をしている人間を、当然よろこんでお護りくださるのであります。

この十五首の和讃によって、阿弥陀如来をはじめとして、無量の仏がた、無量の菩薩がた、天地の善神、天上・地下の王が護りたまい励ましていてくださると思えば、何びとよりの誘惑にもおちいらず、何びとにも頼らず、おそれず、独りで堂々と自信をもって人生を生き抜けるはずであります。その人間こそ独立者というべきでありましょう。

しかも、実は独りで生きているのではなく、祈らず願わずして多くのみ仏や天地の神々に護られて生かされているのであります。

⑨②　勢至《せいし》念仏円通《ねんぶつえんずう》して　五十二菩薩もろともに　すなはち座《ざ》よりたゝしめて　仏足頂礼《ぶつそくちょうらい》せしめつゝ

高田本では、現世利益和讃《げんぜりやくわさん》が終わると、

以上弥陀一百八首　釈親鸞作

と結んだあと、

首楞厳経《しゆりようごんぎよう》によりて大勢至菩薩和讃したてまつる

として八首の勢至讃《せいしさん》を書き遺していられるのであります。そして最後には、

以上　大勢至菩薩　源空聖人之御本地也

と記して『浄土和讃《じようどわさん》』を終わっているのであります。

顕智本《けんちぼん》に限って、現世利益和讃の前にこの八首の勢至讃を置いていられるところより窺えば、諸経讃《しよきようさん》の続きとも見ることができますし、また、高田本《たかだほん》や文明本《ぶんめいほん》によって、『浄土和讃』のあとにすぐつづいて『高僧和讃《こうそうわさん》』を制作されたところより見れば、『高僧和讃』のまえがきとし、『浄土和讃』の付録とされたように思えるのであります。

『首楞厳経《しゆりようごんぎよう》』は唐の般剌蜜帝《はらみてい》訳十巻の経で長い経題がついていますが、その経の説法によって和讃されてゆくのであります。

浄土教ではあまり用いられないこの経典を引いてこられたのは、やはり釈迦如来の本意に立っ

て、念仏の徳をたたえるとともに、大勢至菩薩の化現《けげん》を法然上人と見られたところより、その菩薩と法然上人とのお徳を讃嘆しようとされたからでありましょう。

阿弥陀如来の智慧の徳をあらわす大勢至菩薩であり、弥陀の浄土にいられる菩薩でありますが今この『首楞厳経』で明かす勢至の「念仏」は、私たち凡夫が口に称える念仏でなく、祖師が、「円通《えんずう》」の左に、

まどかに　通《かよ》ふ（高田本）

といわれるように、まどかに仏のさとりを開く徳を備えて自由自在に十方世界に融通《ゆうずう》しているという心で仏を念ずる三昧《さんまい》をいうのでありますが、祖師はこの念仏を恩師法然上人が教えた「ただ念仏」ととられるのであります。

したがって、祖師の場合、円通とは『首楞厳経』の意に関係なく、私たちが無上のさとりを開くべき徳がすべて円《まど》かにそなわっており、見事に煩悩の障りをたち切って自由自在の仏のさとりをいただく徳が一声《ひとこえ》の念仏のなかにそなわっていることを告げられるようであります。

いま、大勢至菩薩がこの世に現われて釈迦如来のみ前にすすみ、ご自分の仲間である五十二人の菩薩たちともろともに、説法のその会座《えざ》で起ち上がって仏のみ足をいただいて礼拝し、教主釈

迦牟尼如来に申し上げたと仰せられるのであります。

⑨③ 教主世尊《きょうしゅせそん》にまふさしむ　往昔恒河沙劫《おうじゃくごうがしゃこう》に
仏世《ぶつよ》にいでたまへりき　無量光《むりょうこう》とまふしけり

大勢至菩薩が申し上げた教主世尊がどなたであるかを祖師は私たちに知らせようとして、左に「釈迦如来なり」と説明されました。

これからは、その釈迦如来に申し上げた内容を和讃されてゆかれるのであります。大勢至菩薩は、はるか昔の恒河沙劫《ごうがしゃこう》という、人間では到底はかり知ることのできない過去に「無量光仏」と名づける阿弥陀如来の化仏《けぶつ》が出現されたことを、まずこの世でさとりを開かれた目の前の釈迦如来に報告されるのでありました。

阿弥陀仏は、十劫のむかしというような新しいみ仏ではなく、ガンジス河の砂を数え上げたほどの久遠《くおん》の大昔よりの如来であり、私たち人類が地球上に姿を現わしてからというような科学で割り切れる仏の大慈悲ではないことを表わそうとされるのであります。

無量光という化仏が恒河沙劫の昔に出現されたというのですから、本仏の阿弥陀如来はそれよりもはるかに過去の仏ということになります。

何事もみずからの知恵で推し量り、割り切って考えようとする人間の浅知恵《あさぢえ》を微塵にうち破り、無限の過去から永遠の未来に向かっての絶えることのないみ仏の慈悲のぬくもりを伝えようとされた祖師親鸞でありました。

㊹ 十二の如来あひつぎて　十二劫《こう》をへたまへり
最後の如来をなづけてぞ　超日月光《ちょうにちがっこう》とまふしける

『浄土和讃』のはじめの讃阿弥陀仏偈和讃《さんあみだぶつげわさん》では、いま現に西方の浄土においてたえず説法しながら無碍《むげ》のみ光を放ち、その説法の声を私たちのところに響かせては、私たちを救済せんと日夜かかわっていられるお徳を、無量光《むりょうこう》・無辺光《むへんこう》・無碍光《むげこう》・無対光《むたいこう》・炎王光《えんのうこう》・清浄光《しょうじょうこう》・歓喜光《かんぎこう》・智慧《ちえ》光《こう》・不断光《ふだんこう》・難思光《なんじこう》・無称光《むしょうこう》・超日月光《ちょうにちがつこう》という十二光によってあらわされました。

ところが、阿弥陀如来は現在だけでなく、はるか昔に、その化仏が、だいたい一劫という限られた寿命をもって世にお出ましになり、一劫のあいだもろびとを教化されてはおかくれになるということを繰り返され、無量光仏より無辺光仏……というように十二光仏と同じ名でお出ましになったというのであります。それを、

十二の如来あひつぎて　十二劫《こう》をへたまへり

と表わされるのであります。

そしてその最後の如来が、超日月光仏《ちょうにちがつこうぶつ》という阿弥陀仏の化仏であったと、大勢至菩薩が釈迦如来に申し上げるのでありました。

阿弥陀如来は、現在ただ今だけでなく、過去においても、長い時間をかけて多くの生きとし生けるものを、ほんとうのしあわせに導こうとかかわられてきたことを思い知らされるのであります。

⑮ 超日月光《ちょうにちがつこう》この身《み》には　念仏三昧《ねんぶつざんまい》おしへしむ
十方の如来は衆生を　一子《いっし》のごとく憐念《れんねん》す

大勢至菩薩は、「その十二劫目《こうめ》に現われられた超日月光仏が、この私に念仏三昧《ねんぶつざんまい》を教えて下されたのです」と、その仏になる法を受けたことを釈迦如来に告白されたのでありました。

もちろん、『首楞厳経』で説く念仏三昧は、救われた喜びのままにただ阿弥陀仏のみ名を称えるというような私たちの称名念仏《しょうみょうねんぶつ》と異なって、心を散乱することなく静かに止めてその心境で仏を念ずるというような、凡夫にはとてもむつかしい心念《しんねん》の念仏でありますが、祖師はその言葉だけを活用して、私たちが六字のみ名を寝ても覚めても称えるという念仏三昧とされたのでありま す。

そして、その念仏三昧の内容、つまり称え出てくる六字のみ名の内容は、単なる名ではなくて、十方の如来が私たち生きとし生けるもの（衆生）を、わが一人子《ひとりご》のように憐念《れんねん》してくださっていることであると示されたのでありました。

十方のどの如来も、すべて私たちをわが一人子のように思し召されるでありましょうが、祖師のおこころでは、阿弥陀如来は私たちを一人子のように憐念されていることをあらわそうとされたようであります。「憐念《れんねん》」には、

憐《あわ》れみ　思《おぼ》し召《め》す（高田本）

と説明されていますが、善導大師はこの阿弥陀如来のみ名の内容を二河白道《にがびゃくどう》の譬《たとえ》をもって教えられ、

汝《なんじ》、一心正念《いっしんしょうねん》にして直《ただち》に来《きた》れ、我《われ》、能《よ》く汝《なんじ》を護《まも》らん……

という阿弥陀如来の呼びたもう声として表現されました。

南無《なも》を「よりかかれ、安心せよ、信ぜよ」、阿弥陀仏《あみだぶつ》を「必ずたすくる、必ず救う」と、一人子に向かうように、私たちに日夜休むことなく声をからして叫びつづけていられる如来の行動を、祖師はいまこの勢至讃で告げられたのでありました。

釈迦如来も、よく「一子《いっし》羅睺羅《らごら》のごとし」と、私たちに対する慈悲を教えるところでおたとえになりますが、やはり人間釈尊の場合は城中に残してきた一人子ラーフラ（羅睺羅）のことが気にかかり、ついに仏弟子になって立派に修行していてもたえず気にかかっていられたことが、涅槃

に入られるときの物語にも、よく表わされています。

そのラーフラと私たちを同一に見られたというのですから、まことに十方の如来や阿弥陀如来の大悲に感動せずにはおれません。

⑯ 子の母をおもふがごとくにて　衆生仏《しゅじょうぶつ》を憶《おく》すれば
現前当来《げんぜんとうらい》とをからず　如来を拝見《はいけん》うたがはず

阿弥陀如来が、私たちを一人子のように思し召し、憐れんで、たえずみ光を放ち、「われによりかかれ、必ず救う」と呼びたもうことを、聞かせていただくことにより、子が母を思うように、私たち衆生が如来を憶念《おくねん》することとなる、と大勢至菩薩が教えてくださいました。

「憶《おく》すれば」の左に、

おもひまいらすとなり（高田本）

と説明してくださる祖師でありますが、これが他力の信心であることを示されます。

他力の信心とは、私たちが仏を信じ憶念してみ名を称えることより出発するのではなく、私たちを一人子のように愛してくださり、たえずかかわってくださっている大慈悲をいくたびもすなおに聞かせていただくことによって如来より賜わる信心であることが、前の和讃とつづいていただけばよくわかります。

子が母の名を呼び、母を目でさがし、母を慕って心に思うようになったのは、その前に、母が胎内より長いあいだかかって育てあげ、それから産んだあとも、たえず乳を含ませ、頭をなぜ、胸に抱き、背に負うて、母親のぬくもりと愛する声を注ぎ、いとしき心を通わすことによってであると譬えられるのであります。

そして、その子どもが成長して、目が見えるようになり、歩くようになれば、目の前にありありと存在する母親を知ることができましょう。また、今見えなくても、やがて目の前に必ず現われるであろう親を感知することができるでしょう。ちょうどそのように、他力の信をいただいて念仏三昧で明け暮れする者の利益《りやく》として、目の前に如来がましまし、やがて、この命が終わって浄土でまざまざと如来にお目にかかれるという、現人生と未来浄土との見仏《けんぶつ》の利益を、『首楞厳経』に依りながら教えられたのであります。

「如来を拝見《はいけん》うたがはず」というお言葉のひびきは、その「拝見」に「みたてまつるなり」の左訓を入れられたように、夢や幻で見るのではなく、現実にまさしく、たしかに耳をとおして心の眼で拝見し、浄土で仏の肉眼をいただいて、たしかに拝見させていただける喜びがあふれていると私には思えるのであります。

⑰ 染香人《ぜんこうにん》のその身には　香気《こうけ》あるがごとくなり
これをすなはちなづけてぞ　香光荘厳《こうこうしょうごん》とまふすなる

前の和讃につづいて、念仏者の利益としてその念仏の徳を身にいただくことを、喜びをもって仰せられるのであります。

「染香人《ぜんこうにん》」には、

香《かう》ばしき香《か》、身《み》に染《そ》めるがごとしといふ（高田本）

「香気《こうけ》あるがごとくなり」には、

香《かう》ばしき香《か》のあるがごとしと（高田本）

と説明されています。

念仏のひとを染香人と讃嘆されることを私たちに伝えられた祖師も、六字のみ名の香ばしい香《か》でその身が染まっていられた方でありました。それゆえに、わが妻、わが弟子に、念仏の香ばしい香《か》がしっかり伝えられ、また時代をこえて私たちに、その念仏の喜びのあまり筆を躍らせて書かれたこの和讃や沢山のお聖教《しょうぎょう》を通して、お念仏のよき香《か》をうつしてくだされたのでありました。

「香光荘厳《こうこうしょうごん》」の左に、

念仏《ねむぶち》は智慧《ちゑ》なり（高田本）

という説明を入れられました。

私には何ら仏に成るべき智慧もなければ、よき香《か》も、美しく光り輝くものもありませんが、如来より賜わるこの念仏の香ばしいよき香《か》によってこの身を包み、かおりつづけてくださることによって、他の人びとにもその香をうつし伝えることとなるそうであります。

私の口をついて出る念仏の徳、念仏の智慧が光を放って、私を包みこみ、他の人びとの心の闇にほのかに明るい光明を届けることになるのであると、高らかな喜びの声をあげて叫ばれるのでありました。

⑱ われもと因地《いんじ》にありしとき　念仏の心《しん》をもちてこそ
無生忍《むしょうにん》にはいりしかば　いまこの娑婆界《しゃばかい》にして

大勢至菩薩は釈迦如来の前で、仏弟子たちや五十二菩薩、それから未来のこの私たちに向かって、

我《われ》、本《もと》因地にして　念仏の心を以て
無生忍に入《い》れり　今《いま》　此界にして
念仏の人を摂して　浄土に帰せしむるなり

と仰せられたと、祖師は高田本の大勢至讃の最後に『首楞厳経《しゅりょうごんぎょう》』を本文のまま出して、その結びとされました。祖師は、それに少しご自分の言葉を補って七五調の和讃とされるのであります。

大勢至菩薩は、今こそ阿弥陀如来の浄土での菩薩となっていられますが、そのむかし、これから仏を目指そうという（因地《いんじ》）仏道修行《ぶつどうしゅぎょう》をしていたときは、超日月光仏の教えのままに念仏三昧の心を持つことにより無生忍《むしょうにん》の位に入ることができたと告白されたというのであります。

「無生忍」とは、祖師が左に、

不退《ふたい》の位《くらゐ》と申《まう》すなり　必《かなら》ず仏《ほとけ》になるべき身《み》となるなり（高田本）

という説明をされていますが、必ず仏になるという不退の位であり、私たちの理解とちがって生まれるままが生まれるのではないという空《くう》の大道理を体得し、一切の法《ほう》（もの）が平等であるという心をいただく無生法忍《むしょうぼうにん》の位に、大勢至菩薩がかつて入ったことがあると示されるのであります。

そこで、その阿弥陀如来のご恩を喜び、念仏の徳の広大なことをありがたく思って、今この娑《しゃ》婆《ば》世界に現われて活動し、自分と同じように阿弥陀如来の救いをよろこぶ念仏のひとにかかわって弥陀の浄土に生まれしめようと行動をされていることを讃嘆されました。

「いまこの娑婆界にして」とは、釈迦如来の前に現われた「いま」ともとれますし、また、祖師が法然上人に遇《お》うている「いま」ともとれます。また、今この『浄土和讃』をうかがっています私の「いまこの娑婆界にして」ともとれると思えるのであります。

阿弥陀如来の活動するところ、観音菩薩も大勢至菩薩もご一緒に行動され、ことに、前の現世利益和讃に仰せられていますように、念仏を称えるひとを五十二菩薩もろともに影の形に添うようにお護りくださっていることを喜ばずにはいられません。

⑨⑨ 念仏のひとを摂取《せっしゅ》して　浄土に帰せしむるなり 大勢至菩薩《だいせいしぼさつ》の　大恩《だいおん》ふかく報ずべし

大勢至菩薩は、ご自分が阿弥陀如来より念仏三昧を教えられ、それによって無生法忍《むしょうぼうにん》の位《くらい》に入り弥陀の浄土へ生まれることができたのでありますから、その報恩のためにと、念仏を教えるとともに、その弥陀念仏を称えて喜ぶ者を摂《おさ》めとって浄土に帰入《きにゅう》せしめてくださる活動をされていると仰せられます。

高田本では、

念仏のひとを摂《せっ》してこそ　浄土に帰《き》せしむるなり

と、『首楞厳経』に忠実に和讃されていますが、文明本や顕智本では「念仏のひとを摂取《せっしゅ》して……」というように、「摂取」の言葉に変えて、阿弥陀如来と同じように救済の活動をされることを教えられたのでありました。

「摂取」には、

ひと度《たび》とりてながく捨《す》てぬなり　摂《せふ》はものの逃《に》ぐるを追《お》わえ取《と》るなり（高田本）

という左訓を『阿弥陀経』の和讃のなかで入れられていますが、大勢至菩薩も、阿弥陀如来や観音菩薩とともに、仏や念仏を好まず、仏や菩薩に背を向けて逃げてゆこうとする者を、どこまでも追いかけてきて、ついに浄土につれて帰ることを、私たち一人一人に対して行動されていることを知らされます。

そして、祖師親鸞は最後に、この大勢至菩薩に追いつかれ、教えを蒙って浄土を願生《がんしょう》する身とならせていただいたからは、勢至菩薩がされたように、今度はその勢至菩薩の大恩を思うて深くそれに報いる行動をしましょうと、私たちに向かって呼びかけられました。

⑩⓪ 已上《いじょう》 大勢至菩薩
源空聖人御本地也

祖師は、勢至讃と『浄土和讃』の結びとして、恩師源空《げんくう》（法然《ほうねん》）聖人を大勢至菩薩の化現《けげん》と仰がれていたことを表わされました。

したがって、大勢至菩薩のお徳を讃嘆し、その大恩に報ずるということは、そのまま恩師法然の恩徳に報謝するということでありました。

そして、祖師の報恩の行動として、ここまでの『浄土和讃』のご制作がありました。さらに、これらに引きつづいての『高僧和讃』、それから『正像末和讃』のご制作はすべて、法然聖人＝大勢至菩薩への報恩の行動の足跡でありました。

百話にわたってのご和讃の拝見が、果たして祖師聖人や法然聖人＝大勢至菩薩への報恩の行動になっているでありましょうか。もしも、それが逆になって背恩《はいおん》の行動になっているとすればまことに申し訳ないことであります。

そのお詫びをするためにも、一層、聞法に励み、浄土に確実に生まれさせていただくことを目指さなければ、それこそ相済まぬこととなってしまうのであります。

そして、私たちがたえず祖師や法然聖人におたずねせねばならないのは、今日ただ今をどのように生きてゆくことが、報恩の行動になるかということであります。

そのためには、祖師がこの私に遺してくだされた大きな遺産としてのご和讃を、たえず口にかけては、その左仮名《ひだりがな》のご親切な説明をうかがいつづけねばならないと思っております。

（一九八四・五・二一）

三 木 照 國（みき・しょうこく）

1932年生まれ。
龍谷大学講師、伝道院講師を経て、現在浄土真宗本願寺派浄光寺住職。
著書　『現代教学研究』（永田文昌堂）、『歎異抄入門』（探究社）など。
現住所　奈良県大和郡山市西田中町４丁目337

親鸞聖人 和讃百話　新装版

1985年２月25日　初版第１刷発行
2011年３月14日　新装第１刷発行

発行者　今 東 成 人

発行所　東 方 出 版 ㈱
〒543-0062　大阪市天王寺区逢阪2-3-2
電話 06-6779-9571
FAX 06-6779-9573

印刷所　亜 細 亜 印 刷 ㈱

ISBN 978-4-86249-176-3